ETUDE

SUR LES

GUERRES D'ESPAGNE

PAR

Le Commandant BAGÈS

TOME II

PARIS
HENRI CHARLES-LAVAUZELLE
Éditeur militaire
10, Rue Danton, Boulevard Saint-Germain, 118

(MÊME MAISON A LIMOGES)

ÉTUDE

SUR LES

GUERRES D'ESPAGNE

TOME II

ÉTUDE

SUR LES

GUERRES D'ESPAGNE

TOME II

ÉTUDE

SUR LES

GUERRES D'ESPAGNE

PAR

Le Commandant BAGÈS

TOME II

PARIS
HENRI CHARLES-LAVAUZELLE
Éditeur militaire
10, Rue Danton, Boulevard Saint-Germain, 118

(MÊME MAISON A LIMOGES)

ÉTUDE

SUR LES

GUERRES D'ESPAGNE

CHAPITRE PREMIER

I

Opérations dans la vallée du Tage après Talavera.

Pendant que les Espagnols fuyaient vers les montagnes de Guadalupe et que les Anglais s'acheminaient péniblement (1) vers Badajoz, le maréchal Soult, par ordre du roi, arrêtait ses troupes et les cantonnait sur la rive droite du Tage (9 août).

Il aurait voulu ne laisser aucun répit à l'armée anglaise, malgré la nature du terrain, la saison et l'épuisement du pays.

Mais il dut céder aux instances de Joseph.

Le Ve corps établit son quartier général à Oropeso et le IIe corps à Placencia. Le VIe se rassembla autour d'Almaraz, prêt à retourner à Salamanque où étaient entrées les troupes du duc del Parque.

---

(1) *Mémoires* de William Lawrence, Plon et Nourrit, 1898; p. 63 à 65.

La marche de ce dernier corps mérite d'être méditée en raison de la longueur des étapes parcourues et de la vigueur dont fit preuve l'avant-garde. Le rapport du duc d'Elchingen (18 août 1809) donne à ce sujet de précieux renseignements.

Le 8 août 1809, le VIe corps était cantonné dans la zone Almaraz, Naval-Moral, Puebla-de-Naciadas. Le 9 au soir, il s'échelonne le long de la route de marche sur une profondeur de 12 kilomètres environ et les éléments d'avant-garde (1) prennent la tête.

Le 10, tout le corps d'armée exécute une première étape de 20 kilomètres environ.

Le 11, l'avant-garde bouscule quelques bandes à Placencia.

Le 12, elle atteint le col de Banos fortement occupé par les troupes de Wilson, attaque les retranchements qu'elles ont élevés et s'en empare. Malgré la chaleur et les difficultés du terrain, tout le gros du corps d'armée exécute dans cette journée une marche de dix heures pour secourir son avant-garde aux prises avec les Espagnols et les Anglais qui furent poursuivis jusqu'à Cazalda.

Le 13, la marche est moins longue, en raison des fatigues de la veille. Néanmoins l'avant-garde pousse jusqu'à Fuenterable; la 2e division s'arrête à Fuentès et la 1re à Valverde et Cazalda.

Le 14, l'avant-garde pénètre dans Salamanque, que l'ennemi a évacué en toute hâte.

Cette avant-garde avait fait en trois jours le trajet de Salamanque à Placencia, plus de 40 kilomètres par jour, en montagne et en plein été.

---

(1) Cette avant-garde était ainsi composée :

Tête d'avant-garde : voltigeurs du 5e léger, des 27e et 59e de ligne ; 3e hussards; 15e chasseurs à cheval ;

Gros d'avant-garde : une batterie à cheval; brigade de dragons Ornano ; deux bataillons (des 59e et 59e).

De pareils efforts ne sont pas rares sous le Premier Empire; mais on ne saurait les demander fréquemment qu'à des troupes aguerries comme l'étaient celles qui avaient combattu à Austerlitz, Iéna et Friedland.

Le maréchal Ney, qui ne pouvaitse soumettre à la dure loi d'obéir à un camarade pour lequel il n'avait aucune estime depuis les affaires d'Oporto et de Lugo (1), se trouvait donc, le 14 août, loin du chef dont il blâmait ouvertement la conduite. Cependant sa mission n'était pas celle d'un chef indépendant.

Il devait observer la route de Ciudad-Rodrigo pendant que le Ve corps, dont l'avant-garde était à Talavera, tenant par un détachement le pont d'Almaraz, observait celle de Mérida. Le IIe, établi à Placencia, était à portée de ces deux corps, prêt à soutenir l'un ou l'autre suivant les circonstances. Le Ier avait pris ses cantonnements dans la Manche; le IVe était sur le Tage et la réserve avait suivi le roi à Madrid.

La tranquillité était revenue, et tout danger semblait écarté pour longtemps. Aussi, à peine rentré dans sa capitale, le roi s'occupa-t-il de l'administration du royaume. Le 18 août, le Conseil d'Etat fut réuni; quelques jours après parurent plusieurs décrets relatifs à la suppression totale des moines, à l'abolition partiel de certains titres de noblesse, à la nomination des fonctionnaires, à l'instruction publique, etc.

Ces réformes étaient la conséquence de la Constitution de Bayonne, imposée par la force.

Le peuple espagnol y vit une nouvelle atteinte à ses droits.

La suppression des moines n'était pas de nature à pacifier les esprits, et on continua, dans les caricatures, à

(1) *Mémoires* du général de Saint-Chamans, ancien aide de camp du maréchal Soult, p. 158.

représenter le roi sous la forme d'un Bacchus couronné, le verre à la main, le crucifix sous les pieds (1).

Les finances étaient en piteux état et, pour réparer les pertes de la dernière campagne on manquait de tout. Aussi le roi désirait-il garder une attitude défensive.

Le maréchal Soult, au contraire, voulait à tout prix se porter en Portugal (lettre de Soult à Clarke du 23 août). Le maréchal Ney était naturellement d'un avis tout à fait différent (2).

Malgré les ordres du roi, le maréchal Soult porta en avant le IIe corps vers Coria; puis au commencement de septembre, mal renseigné sur certains mouvements de troupe vers Abrantès, il demanda au roi l'appui du Ier corps et celui d'une division du VIe corps qui serait appelée à Banos (lettres du 6, du 12, du 15 septembre).

Sur ces entrefaites, le maréchal Jourdan fut autorisé à rentrer en France et remplacé par le maréchal Soult (26 septembre).

Le maréchal Ney avait déjà quitté Salamanque le 24 septembre pour se rendre à Paris (3).

II

Fin de l'année 1809. — Tamamès et Ocana.

A la fin de septembre, l'armée espagnole de Vénégas semblant vouloir reprendre l'offensive, le IVe corps fut rassemblé à Aranjuez ; le Ier, qui avait exécuté un mouvement sur Talavera, afin de soutenir le maréchal Soult

---

(1) *Mémoires* du général Bigarré, qui fut aide de camp du roi.

(2) Le Maréchal Ney écrivit de Salamanque, le 24 août, à Joseph un rapport virulent contre les projets du commandant de l'armée.

(3) *Souvenirs de Sprüngling, officier d'etat-major du VIe corps.* Paris, 1904, publiés par M. Desdevizes du Dézert.

qui se croyait menacé, vint occuper Tolède et le Ve se plaça en échelons de Talavera à Naval-Moral.

La situation de l'armée à cette date préoccupait beaucoup l'Empereur. Il trouvait que les positions occupées étaient absurdes et contraires à tous les principes. Il aurait voulu des têtes de pont sur le Tage avec une masse prête à déboucher sur le point menaçé ; tout danger aurait été éventé par des colonnes battant la plaine au sud. Il songeait même à aller prendre la direction des opérations (lettres à Clarke des 3 et 7 octobre).

Enfin il se plaignait de voir le roi amoindrir sciemment le moral de l'armée en dévoilant sa faiblesse numérique et en exagérant les forces de l'adversaire.

« Lorsqu'on est induit à parler de ses forces, disait-il, on doit les exagérer en doublant ou triplant le nombre, et lorsqu'on parle de l'ennemi, on doit diminuer sa force de la moitié ou du tiers ; dans la guerre tout est moral... Il est dans l'esprit de l'homme de croire qu'à la longue le petit nombre doit être battu par le plus grand... »

Le 7 octobre, « son intention est de réunir pour le commencement de décembre 80.000 hommes d'infanterie et 15.000 à 16.000 chevaux (dont 9.000 dragons) pour entrer en Espagne ».

Le 14, un décret ordonne l'organisation d'un puissant équipage de siège.

Si l'Empereur avait mis à exécution son projet de se rendre en Espagne, il eût certainement pris pour objectif l'armée de sir Arthur Wellesley, le seul obstacle à redouter pour le moment. Celui-ci n'avait plus que 18.000 hommes valides à Badajoz (1). Son armée eût certainement été obligée de rejoindre au plus vite sa flotte, le camp de Lisbonne n'existant pas encore.

A la fin d'octobre, on apprit à Madrid que le duc del

(1) L'armée anglaise avait 9.000 malades (fièvres de la Guadiana).

Parque, disposant de 25.000 hommes environ, avait fait un mouvement sur Salamanque où était le VIe corps commandé par le général Marchand (1), que ce dernier avait attaqué l'ennemi à Tamamès et que l'attaque avait échoué (18 octobre). La position très forte de l'ennemi avait été mal reconnue et les Français avaient été engagés « par petits paquets », sur un front énorme. Le général Marchand, après cet échec (2), s'était retiré à Toro, sur le Douro (27 octobre).

Le succès du duc del Parque fit grand bruit et réveilla l'enthousiasme des patriotes espagnols. Au nord les Galiciens inquiétèrent sérieusement les postes de Kellermann sur l'Esla et la division Bonnet fut très menacée dans les Asturies.

A tout prix il fallait empêcher l'invasion de la Castille. La brigade Godinot (3) quitta Madrid et la brigade Ferrey du IIe corps marcha au secours du VIe corps ; en même temps les dragons de Kellermann rejoignirent le général Marchand qui, en attendant cette concentration (4), avait résolu de défendre la ligne du Douro et placé ainsi ses troupes :

A Zamora :

Un régiment de cavalerie légère ;
Une brigade de la 1re division.

---

(1) Le général Marchand avait succédé à Ney. Le 18 octobre, le VIe corps fit 12 lieues par des chemins difficiles, sans compter les évolutions du champ de bataille. On voit quelle était l'endurance des vétérans du VIe corps (*Souvenirs de Sprünling*, p. 77).

Le VIe corps ne comptait plus en octobre que 15.000 hommes (divisions Marchand et Mermet, brigade de dragons Ornano, brigade légère Lorcet, 3e hussards et 15e chasseurs).

(2) Le VIe corps perdit 1.500 tués ou blessés.

(3) Brigade Godinot, de la division Dessoles (3.500 hommes).

(4) Elle fut terminée le 4 novembre.

A Tordesillas :

Un régiment de cavalerie légère ;
Une brigade de la 2e division.

A Toro :

Quatre régiments d'infanterie ;
Dragons ;
Quartier général.

Après bien des hésitations (1), les renseignements indiquant que l'ennemi se retirait vers le col de Banos, les dragons de Kellermann revinrent à Valladolid et la brigade Godinot à Madrid.

Le VIe corps réoccupa quelques jours Salamanque, mais dut abandonner pour la seconde fois la ville devant un nouvel effort du duc del Parque (18 novembre) et se retirer vers Toro.

Les dragons Kellermann firent alors demi-tour. Le 22 novembre, le VIe corps reprit l'offensive et les dragons français entamèrent à Alba de Tormès l'arrière-garde espagnole (28 novembre), qui avait commis la faute de se diviser en deux tronçons séparés par la Tormès.

La Castille était délivrée, mais non sans peine.

Le 16 décembre, le maréchal Ney reprenait le commandement de son corps d'armée.

Le succès de Tamamès et la prise de Salamanque avaient enhardi la Junte à un tel point qu'elle croyait possible de chasser les Français de la vallée du Tage. La meilleure armée qu'elle ait jamais pu armer (55.000 hommes) devait, sous le commandement du général Arizaga (2), se porter directement sur Madrid par la Manche, tandis que les

(1) *Souvenirs de Sprünling*, p. 88 et 89.
(2) Arizaga avait succédé à Vénégas.

quelques troupes rassemblées en Estrémadure (1) tiendraient en échec le IIe corps français.

C'était en vain que Wellington avait conseillé aux Espagnols de ne pas livrer bataille (2).

Du côté des Français la situation était la suivante à la fin d'octobre 1809 :

Le IVe corps occupait Aranjuez et le Ve était à Tolède, sur le Tage ;

Le Ier corps était à Fuente-Dueno, observant la direction de Cuença et de Valence ;

Le IIe corps couvrait le gros de l'armée et Madrid du côté de l'ouest. Son quartier général était à Oropeso.

La cavalerie avait éventé la marche en avant des Espagnols.

Le 12 novembre, l'avant-garde d'Arizaga menaça Ocana où se trouvait toute la cavalerie française sous les ordres de Sébastiani. Le maréchal Mortier avait pris le commandement de l'infanterie des IVe et Ve corps.

Le 13, le IIe corps se rapprocha de l'armée et arriva à Talavera où il s'établit en couverture, face à l'ouest.

Le 17, la réserve (une brigade de la division Dessoles) était à Aranjuez où se trouvait le roi.

Le 18, les IVe et Ve corps débouchèrent d'Aranjuez et la bataille s'engagea malgré l'avis du major général qui désirait attendre l'arrivée du Ier corps chargé de tourner l'ennemi par sa droite.

Le 19, nouvelle bataille. L'arrivée de la division de dragons Latour-Maubourg sur le flanc droit des Espagnols acheva la déroute de l'armée d'Arizaga. Les Espagnols perdirent environ 30.000 hommes, leur artillerie (42 pièces), leurs drapeaux et leurs équipages.

Cette journée était un désastre pour la nation espagnole ;

---

(1) Cuesta avait été disgracié et remplacé par Eguia.
(2) Correspondance de Wellington.

mais elle ne la découragea pas. La Junte leva d'autres troupes et continua la lutte.

Après la bataille, le Ier corps, qui n'avait pas donné, reçut l'ordre de se porter dans la Manche et de pousser son avant-garde à La Caroline (ordre du 19 novembre).

Le IVe corps rendu au général Sébastiani s'échelonna de Madrilejos à La Caroline ; le Ve occupa Tolède et environs ; le IIe resta à Talavera ; une colonne mobile (dragons Milhaud et une brigade du IVe corps) étaient en observation vers Tarancon.

Les mouvements ordonnés étaient en voie d'exécution quand le IIe corps rendit compte qu'il était menacé. Il y eut un moment d'arrêt ; mais la marche fut reprise quelques jours après.

Dans le courant de décembre les corps étaient placés ; les reconnaissances du Ier corps, avant-garde générale de l'armée, parcouraient les montagnes de la Sierra-Morena (1). Le fort de Consuegra et le château de Manzanarès étaient réparés.

Les Anglais n'avaient pas bougé ; mais leur général avait suivi attentivement les événements.

Après la bataille d'Ocana, craignant avec raison pour Lisbonne, il quitta (10 décembre 1809) les environs de Badajoz et se porta à Coïmbre couvert du côté d'Abrantès par Hill (13.000 hommes) et par les troupes du duc del Parque placées à Coria.

---

(1) Lettre de Victor à Soult (Almagro, 18 décembre 1809).

III

Deuxième siège de Saragosse. — Opérations en Aragon et Catalogne (1809).

L'Aragon et la Catalogne ne pouvaient être que des théâtres d'opérations secondaires. Ce n'était pas dans la vallée de l'Ebre, encore moins dans les montagnes de Catalogne que pouvait se décider le sort de l'Espagne.

Mais, en occupant Saragosse et Pampelune, les Français empêchaient tout mouvement important sur leur ligne principale d'étapes; le VIIe corps devait donc, en liaison avec le IIIe corps, tenir en respect les Catalans pour les empêcher de quitter leur province et de se joindre aux Aragonais.

Il est donc utile de jeter un coup d'œil rapide sur les opérations des IIIe et VIIe corps parce qu'un échec grave, subi dans la vallée de l'Ebre, eût été pour la masse principale une cause d'affaiblissement matériel et moral.

1° Aragon

Après le départ du VIe corps pour Madrid, le maréchal Moncey s'était retiré à Alagon (2 décembre 1808), donnant ainsi à Palafox, vrai dictateur, le temps d'organiser la défense de Saragosse.

Le 20 décembre, le Ve corps (1) arrivait devant la place

(1) Le Ve corps partit de Silésie au commencement de septembre 1808.

et le 29, Junot, dont le corps venait d'être licencié (1), remplaçait Moncey.

Tandis que le Ve corps couvrait les travaux du siège de Saragosse, le IIIe corps ouvrait la tranchée (29 décembre) (2).

Tout alla assez mal jusqu'à l'arrivée du maréchal Lannes (21 janvier). Mais tout changea avec cet illustre chef et ce fut avec une indomptable énergie que furent menés les travaux.

Le 27 janvier, commença l'attaque des maisons, une à une, à la mine.

Un mois après (21 février), ce siège mémorable, qui avait coûté aux Espagnols plus de 50.000 hommes, était terminé, la ville n'étant plus qu'un vaste cimetière (3).

Ce même jour (21 février), à midi, la garnison (4) défila devant le maréchal et, le 24, l'évêque de Huesca chanta un *Te Deum* pour saluer nos succès !

---

(1) Le VIIIe corps (Junot) fut licencié à son entrée en Espagne.

(2) Palafox disposait de 5 divisions (31.180 hommes et 1.240 officiers), de 1.000 artilleurs et de 800 sapeurs:

Le maréchal Lannes avait sous ses ordres :

1° IIIe corps, Junot.

1re division, Grandjean ;
2e division, Musnier ;
3e division, Morlot ;
Brigade de cavalerie Watier :
22.473 hommes, 1.758 chevaux.

2° Ve corps, Mortier.

1re division, Suchet ;
2e division, Gazan ;
Brigade de cavalerie Delaage :
22.607 hommes, 1.542 chevaux.
3° 6 compagnies d'artillerie à pied ;
1 compagnie de pontonniers ;
6 compagnies de sapeurs.

(Belmas, t. II, p. 191 et suivantes : *Journaux des sièges de la Péninsule.*)

(3) *Historique du 40e* (Ve corps, division Suchet).

(4) Elle était réduite à 8.000 hommes.

Mais cette soumission n'était qu'apparente et les Espagnols n'en continuèrent pas moins à massacrer nos isolés. Les paysans fusillés mouraient en criant : « Viva Ferdinand VII ! (1) »

Le maréchal Lannes quitta l'Espagne le 21 mars et le Ve corps fut dirigé d'abord sur Miranda, puis sur Valladolid. Le IIIe corps resta seul dans la vallée de l'Ebre, en Aragon.

Le faible effectif de ce dernier (16.000 hommes valides) fit concevoir aux Espagnols la possibilité de menacer sérieusement la route de Bayonne à Madrid et la Junte donna à Blake le commandement d'une armée destinée à cette opération.

Bientôt le IIIe corps fut entouré de guérillas dont les chefs, énergiques et entreprenants (2), gênèrent les mouvements des colonnes venant de France jusqu'à la fin de la guerre.

Heureusement pour les armes françaises, le commandement du IIIe corps fut confié au général Suchet qui arriva à Saragosse le 19 mai.

Le IIIe corps (3 divisions d'infanterie et une brigade de cavalerie) (3) était composé en partie de troupes de formation récente (cinq légions) (4). Deux régiments étaient détachés en Navarre, deux autres en Castille. Les divisions

---

(1) Il y avait des jeunes gens sans uniformes, des hommes de tout âge et de toutes conditions, avec tous les types de la Péninsule, quelques-uns en uniforme. Ils semblaient indifférents au sort qui les attendait. (*Souvenirs d'un officier polonais*, de Brandt, p. 41.)

(2) Le 15 mars 1809, le général Habert perdit huit compagnies qu'une crue de la Cinca avait séparées du gros de la division. (*Ibid.*, p. 82 et 83.)

(3) Le général Suchet (1770-1826) n'avait pas 40 ans.

Son corps d'armée comptait trois divisions d'infanterie (1re division, Laval ; 2e division, Musnier ; 3e division, éparpillée en Navarre et Aragon).

(4) Les 14e et 44e étaient d'anciens régiments ; les 114e, 115e, 116e

étaient disloquées, très affaiblies. Le siège avait été très dur (3.000 tués ou blessés, 1.500 malades du typhus) et tout manquait (habillement, équipement, vivres, solde) (1).

La situation était loin d'être brillante et l'ennemi paraissait déjà sur la rivière de Guadalope en face d'Alcanitz gardé par une avant-garde (division Laval).

Le 19 mai, la division Laval attaquée par des forces importantes dut se replier. Le 23, toutes les forces disponibles (2) du corps d'armée se portèrent au secours de l'avant-garde à Ixar, attaquèrent l'ennemi, mais ne purent l'entamer.

Contenir les deux ailes des Espagnols et écraser leur centre avec toute une brigade, tel avait été le plan de Suchet ; mais l'attaque décisive échoua et, à la fin du jour, il fallut se retirer. Ce mouvement, opéré en pleine nuit, amena une terreur panique et l'ordre ne put être rétabli qu'à Saragosse (30 mai).

« Le moral était ébranlé (3). »

Suchet commença alors la réorganisation de tous les corps ; les manœuvres assouplirent les unités, la tenue devint bonne et de sévères exemples raffermirent la discipline. Le IIIe corps fut depuis un modèle.

En cette circonstance, Blake servit les Français, car il ne profita pas de ses succès, donnant ainsi à leurs renforts le temps d'arriver à Saragosse. Pendant quinze jours il tourna autour du IIIe corps, redoutant de l'abor-

---

117e et 121e n'avaient des numéros que depuis peu de temps (anciennes légions).

La cavalerie comptait le 13e cuirassiers et des Polonais.

L'artillerie comptait 20 pièces attelées.

(1) *Mémoires* du duc d'Albuféra, t. Ier, p. 11.

(2) Le corps d'armée comptait 10.000 combattants seulement.

(3) *Mémoires* du duc d'Albuféra. p. 20.

der, semblant vouloir l'envelopper par Ixar, Belchite et Maria.

La manœuvre du général espagnol était compliquée. A la tête de 20.000 hommes il s'était avancé sur Belchite, puis sur Saragosse en se jetant au sud de cette place ; pendant ce temps un détachement de 2.000 hommes (Ramon-Gayan) menaçait les communications du IIIe corps avec Tudela en manœuvrant par la rive gauche de l'Ebre.

La division des forces espagnoles et la lenteur de leur marche causèrent leur perte.

Le 13 juin, Suchet avait deux avant-gardes, l'une à Villa-de-Muel, l'autre au Monte-Torrero et Santa-Fé. Le même jour Blake força le passage de la Huerta et obligea le général Fabre à se retirer sur Placencia.

Le lendemain, toute l'armée espagnole franchit la Huerta et se déploya face au nord, la droite à la rivière.

Suchet n'hésita pas.

Laissant 1.000 fantassins à Saragosse pour contenir au besoin les habitants, appuyé sur le Monte-Torrero et Santa-Fé solidement tenus, il prit l'offensive (14 juin) après une minutieuse reconnaissance et engagea jusqu'au dernier homme.

Blake manœuvra de façon à envelopper l'aile droite française; mais il étendit trop son front et son centre fut écrasé par une brigade lancée à propos.

Cet événement entraîna la déroute de l'armée espagnole qui perdit dans cette journée (bataille de Maria) la majeure partie de son artillerie.

Le IIIe corps poursuivit les quelques milliers d'Espagnols ralliés le 16 et leur infligea un nouvel échec à Belchite.

Blake, renforcé de 4.000 Valenciens, s'y était retranché et son front était fortement constitué; mais ses réserves étaient mal placées. D'ailleurs le moral de son armée était singulièrement affaibli et ses soldats ne se sentaient pas en mesure de résister.

Suchet fit observer le centre espagnol et dirigea contre l'aile gauche son effort principal.

Les Espagnols ne tinrent pas. Un obus tombé dans leur parc ayant fait sauter plusieurs caissons, une terrible panique se mit dans leurs rangs et leurs régiments prirent la fuite dans diverses directions.

Le 19 juin, les Français étaient à Alcanitz et, le 23, Mouzon tombait en leur pouvoir.

Blake, avec les débris de son armée, se retira à Tortose.

Ces succès rapides permirent au commandant du IIIe corps de commencer la tâche ardue qu'il s'imposa pendant plusieurs années, celle de pacifier l'Aragon.

Il avait à vaincre la résistance des habitants et surtout celle des bandes insaisissables qui pillaient et dévastaient le pays, attaquaient les convois et les détachements, assassinaient les isolés, détruisaient les récoltes, forçaient les jeunes gens à prendre les armes, semant partout la terreur.

C'était une guerre terrible.

« Les bandes étaient partout où nous n'étions pas » (1).

« La mort guettait le Français isolé derrière chaque rocher, chaque tronc d'arbre (2). » A Pampelune la domination des Français finissait à une portée de fusil des remparts (3).

Il en était ainsi partout et cette lutte sans trêve était, on le comprend, néfaste pour l'armée impériale, car « une armée dont on détruit les détachements est comme un arbre dont on coupe les racines ».

Le 26 août 1809, les guerillas de Renovalès qui opéraient

---

(1) *Mémoires* du duc d'Albuféra, p. 53.
(2) *Souvenirs d'un officier polonais*, général de Brandt.
(3) *Id.* Cet officier servait à la 2e légion de la Vistule (IIIe corps).

vers Jaca furent mis en déroute. Vers Pampelune le général Harispe parvint à saisir Mina le Jeune ; le 20 juillet, Gayan fut battu à Notre-Dame-d'Aguila ; de fortes colonnes poussées sur Calatayud et Daroca arrêtèrent les bandes valenciennes qui menaçaient le sud de la province.

En janvier 1810, l'Aragon était à peu près pacifié.

2° Catalogne. — Opérations de Saint-Cyr.

Le VIIe corps, pendant ce temps, éprouvait de sérieuses difficultés à conquérir la Catalogne entièrement soulevée.

Nous connaissons la composition du corps des Pyrénées orientales (1) au début de la guerre, son peu de cohésion et sa faiblesse.

Le général espagnol Vivès (don Juan de Vivès) avait réussi à bloquer le général Duhesme dans Barcelone dès le mois de septembre 1808, et il était impossible à la division Reille réunie à Figuières de secourir le général en chef.

Le 17 août 1808, le général Saint-Cyr reçut l'ordre de se rendre en poste à Perpignan et de prendre le commandement des divisions Reille (2), Souham (3) et Pino (4). Ces deux dernières, dirigées en toute hâte vers les Pyrénées-Orientales, étaient sur le point d'atteindre alors la frontière.

La situation de ces troupes laissait fort à désirer. Les ressources (transports, vivres, hôpitaux) étaient à peu près nulles et les corps arrivaient dans un dénument absolu (5).

---

(1) Ce corps comprenait les divisions Chabran et Lecchi.
(2) Composé d'éléments divers, sans cohésion.
(3) Composé de conscrits.
(4) Bonne.
(5) Rapport du commissaire-ordonnateur du VIIe corps au Ministre.

L'Empereur avait laissé carte blanche à Saint-Cyr pour venir en aide à Duhesme et soumettre la Catalogne. La résistance de cette province l'irritait; il trouvait les opérations mal conduites et son inquiétude était telle qu'il envoyait, dès le commencement de novembre, plusieurs courriers au général en chef pour lui ordonner de hâter sa marche.

Ce dernier venait d'arriver à Figuières. Il répondit que l'exécution de cet ordre était impossible et qu'il ne pouvait être à Barcelone le 25 novembre, ainsi que le désirait l'Empereur, parce qu'il fallait au préalable s'emparer de Roses.

Cette forteresse se rendit le 6 décembre 1808 (1) sans que l'avant-garde de l'armée espagnole, alors sur la Fluvia, ait fait de sérieux efforts pour la secourir.

Mais ce n'était là que la partie la plus facile de la mission confiée à Saint-Cyr.

Il lui fallait maintenant, avec deux faibles divisions (2) (en tout 15.000 fantassins et 1.500 sabres environ) aller au plus vite à Barcelone. Or l'avant-garde ennemie (divisions Alvarez et Lazan) était auprès de Girone; toute la population était sous les armes et une partie du gros pouvait renforcer ce détachement.

Saint-Cyr n'hésita pas et sa manœuvre, très hardie et très habile, réussit parce qu'il en poursuivit l'exécution avec ténacité et résolution.

Les divisions partirent sans leur artillerie, les fantassins ayant 50 cartouches dans la giberne et portant quatre

---

(1) Le siège avait commencé le 7 novembre.

(2) 1re division Reille et 2e division Pino : 13.604 hommes ;
1.300 cavaliers ;
2 compagnies d'artillerie à pied ;
2 compagnies d'artillerie à cheval ;
3 compagnies de sapeurs.
Il fallait garder Roses et Figuières.

jours de vivres. On put emmener cependant quelques caisses de biscuit.

Le 13 décembre, Saint-Cyr, venant de la Bisbal, arrivait à 7 heures du soir à Vidreras. Il avait trompé l'avant-garde espagnole en observation près de Girone et maintenant il se trouvait placé entre elle et le gros de l'armée espagnole.

Le 15, un sentier permit de tourner Hostalrich et de rejoindre la route principale après bien des difficultés, malgré la présence des miquelets et des somatènes qui harcelaient la colonne sur les flancs, tandis que l'arrière-garde avait à faire face aux troupes de Lazan.

Ne tenant compte ni de l'obscurité, ni de la fatigue des troupes ; se montrant en ces périlleuses circonstances un chef énergique, Saint-Cyr (1) fit franchir à ses soldats le défilé de Trentepesas d'où ils débouchèrent à 10 heures et demie du soir, à proximité de Cardeleu et Villalba, localités que tenaient Reding et Vivès (15.000 hommes environ).

La situation était critique. La colonne était entourée et les soldats n'avaient plus que quelques cartouches.

Mais les troupes espagnoles n'étaient pas commandées (2) et le général Vivès, malgré ses farouches proclamations, « ne savait à quoi se résoudre ». Il en était tout autrement du côté des Français.

Au point du jour (16 décembre), Saint-Cyr surprit les Espagnols en attaquant en colonne serrée leur droite et leur centre. Le mouvement fut décisif et le désordre se mit

---

(1) Voir les *Mémoires* de Saint-Cyr « Journal des opérations en Catalogne ». Saint-Cyr avait alors 44 ans.

(2) Relation de l'affaire de Llinas par M. Cabanes, officier d'état-major.

L'armée espagnole de Catalogne comprenait :

33 *tercios* ou bataillons d'infanterie légère (miquelets catalans) ;

79 bataillons de ligne ou irréguliers ;

33 escadrons ;

Plusieurs bataillons de somatènes ou miliciens.

dans les rangs de l'armée espagnole qui se débanda. Son chef, Vivès, dut s'enfuir par mer et ce fut à grand'peine que Reding put rallier quelques éléments au delà de Barcelone.

Le soir même, la division Pino allumait des feux sur le Ripollet, à 9 kilomètres de la capitale de la Catalogne, pour annoncer aux Français, qui y étaient assiégés, leur prochaine délivrance (1).

Le 17 au matin, les soldats de Saint-Cyr entraient dans la ville.

Le corps de siège avait disparu et avait gagné Molino-del-Rey où devaient rejoindre les troupes de Caldaguès venant de Girone.

Vivès réunit un conseil de guerre et il fut résolu qu'on barrerait aux Français la route de Tarragone.

A ce sujet, Saint-Cyr fait cette juste réflexion :

« Il faut plaindre un général assez malheureux pour recourir à un conseil de guerre, assistance qui, au lieu de lui être utile, ne fait presque toujours qu'augmenter son embarras et son indécision. »

Les dispositions prises par Vivès nous rappellent celles des autres généraux sur tous les champs de bataille où ils se mesurèrent avec les Français. Vivès, Blake, Cuesta, Arizaga ne connaissaient pas le principe de l'économie des forces.

A Molino-del-Rey toutes les troupes étaient en ligne face au pont de la grande route sur le Llobregat. Saint-Cyr immobilisa sur ce point l'armée espagnole avec la division Chabran pendant que toute sa masse (2), ayant passé la rivière à gué, abordait les hauteurs de Saint-Visens.

---

(1) On a beaucoup reproché au général Duhesme de n'avoir tenté alors aucun effort pour se joindre à l'armée de secours.

(2) Divisions Pino, Souham et Chabot.

Les Espagnols durent exécuter un changement de front en pleine bataille.

Ce fut une surprise. Leur droite et leur centre furent rejetés sur leur gauche et la déroute s'ensuivit.

Cette bataille avait été conçue et conduite du côté français avec beaucoup d'art et de méthode. Nous y voyons l'application des procédés de l'Empereur : reconnaissances minutieuses, engagement de l'avant-garde pour fixer l'ennemi, manœuvre du gros en formation échelonnée, utilisation du terrain pour dérober sa marche le plus longtemps possible, attaque violente avec de puissantes réserves, participation de toutes les armes à l'attaque décisive.

Les Espagnols, battus malgré leur courage (1), furent poursuivis par Chabran jusqu'à Martorell. Chabot s'avança jusqu'à Saint-Sadurin et le quartier général s'établit le 22 décembre à Villafranca. L'avant-garde (division Souham) occupa Vendrell.

Les Catalans étaient loin cependant de songer à se soumettre.

Reding remplaça Vivès jeté en prison et rallia 15.000 hommes environ sous les murs de Tarragone; le peuple entier, en armes, continua à harceler les colonnes françaises.

Le 2 janvier 1809, le marquis de Lazan (9.000 hommes environ) attaqua la division Reille près de Roses ; mais il fut battu.

Le 11 janvier, la division Chabran soumit Bruch et un détachement enleva le monastère de Montserrat.

Au mois de février, Saragosse étant sur le point de succomber, Reding résolut d'attaquer les Français afin de pouvoir, si le sort des armes lui était favorable, secourir ce boulevard de l'Aragon.

---

(1) Saint-Cyr. *Journal des Opérations en Catalogne*, p. 85.

Une première colonne, composée des meilleures troupes (14.000 hommes), avait pour objectif Vendrell; une deuxième (18.000 hommes) devait se porter sur Igualada et Villafranca; le général Alvarez, venant de Girone, formait la troisième colonne.

Le général espagnol avait tant de confiance dans le succès de sa manœuvre qu'un détachement avait pour mission de se poster à la Croix-d'Ordal pour couper aux colonnes françaises la route de Barcelone, et que le marquis de Lazan (4.000 hommes) se trouvait entre Lérida et Mequinenza, tout prêt à filer sur Saragosse.

Saint-Cyr laissa les Espagnols s'étendre tout à leur aise; puis, réunissant les divisions Pino, Chabot et Chabran en une seule masse (10.000 hommes), il se porta vivement sur Igualada.

Ce mouvement rapide surprit les Espagnols disséminés. Le désordre se mit dans leurs colonnes et ils ne durent leur salut « qu'à la vigueur de leurs jarrets (17, 18 et 19 février) ».

Le 20, Saint-Cyr était auprès de Villarrodena et Souham l'avait rejoint auprès de Wals.

Le 23, Reding revenait sur Tarragone après avoir rallié son centre et sa droite. Il hésita un moment pour savoir s'il devait éviter ou attaquer les Français qui occupaient Pla et Walls et se résolut à la bataille afin de sauver son artillerie et ses bagages.

Dans ce but il prit position sur le Francoli (25 février); mais Saint-Cyr l'attaqua vivement malgré les difficultés du terrain.

La défaite des Espagnols fut complète et les dragons chargèrent à outrance.

Reding faillit périr.

Le VIIe corps se dispersa alors pour subsister.

Ces succès donnaient à penser que les Catalans ne reprendraient plus les armes. Ainsi pensait l'Empereur qui voyait déjà Saint-Cyr maître de toute la Basse-Catalogne jusqu'à l'Ebre.

Il se faisait illusion.

Saint-Cyr n'avait pas de vivres et ne possédait pas les moyens d'assiéger Girone, Tarragone et Tortose, et les revers n'avaient fait qu'exaspérer les Catalans.

La situation était telle en mars 1809 que Barcelone était entourée et assiégée par des nuées de partisans. Dans leurs cantonnements les troupes ne pouvaient plus subsister.

Afin de pouvoir vivre, Saint-Cyr laissa la division Chabran à Barcelone et vint s'établir (18 avril) à Vich. Le VIIe corps pouvait ainsi protéger le siège de Girone qui allait commencer.

Sur ces entrefaites Augereau (1) fut appelé à remplacer Saint-Cyr disgracié pour avoir dit trop haut la vérité Il avait écrit à Berthier :

« Votre Altesse me dit qu'il n'y a rien autour de nous qui puisse résister à 6.000 hommes.

» Je lui demande bien pardon de n'être pas de son avis. »

En arrivant à Prades le maréchal Augereau tomba malade et ne put rejoindre immédiatement son poste. Saint-Cyr resta donc provisoirement à la tête du VIIe corps ; mais il était dégoûté. L'Empereur lui enlevait son commandement et lui donnait un rôle subalterne, car la direction du siège de Girone lui était soustraite pour être confiée au général Verdier (2). Les résultats de cette disgrâce furent un désaccord profond entre le commandant du corps de siège et le commandant du VIIe corps, à tel point que ce dernier commit un acte d'indiscipline.

Le 5 octobre, il partit sans autorisation pour Perpignan

---

(1) Augereau, 1757 - 1816.

(2) Le général Verdier avait dirigé le premier siège de Saragosse. Par ordre, Saint-Cyr dut détacher la division Lecchi au siège de Girone.

après avoir (1er et 26 septembre), avec les divisions Souham et Pino, repoussé les efforts de Blake (1) pour sauver Girone.

Les habitants, confiants dans saint Narcisse, leur patron, étaient décidés à une lutte sans merci.

Le 12 mai, le général Verdier, disposant de la division Reille et d'une division westphalienne (en tout 14,000 hommes) investissait leur cité. Mais Saint-Cyr, n'aidant son collègue qu'à son corps défendant, le siège s'en ressentit. Le Ministre envoya bien des aides de camp au commandant du VIIe corps pour l'obliger à appuyer le corps de siège ; mais ce fut en vain (2).

Le découragement devint général. En septembre, il y avait en Catalogne 13.000 hommes aux hôpitaux. Le général Verdier tomba malade et fut évacué (3) ; Saint-Cyr partit quelques jours après (4).

Le maréchal Augereau, un peu remis, partit immédiatement pour Girone (10 octobre) et le général Verdier l'y rejoignit.

Le blocus de la place fut alors complété et le corps de couverture, par son activité, obligea Blake à ne faire aucune entreprise sérieuse.

Le 11 décembre 1809, don Alvarez consentait enfin à rendre la ville, « une masse de décombres et de cadavres ».

La prise de Girone (5) donnait au VIIe corps la possibilité

---

(1) Blake, que nous retrouverons en Andalousie et à Valence, succéda à Reding mort après le combat de Walls.

(2) P. 546 et et suivantes, Belmas, *les Sièges de la Péninsule*.

(3) Chaque régiment avait 300 hommes aux hôpitaux ; il n'y avait plus de discipline (Augereau au Ministre de la guerre, 9 octobre).

(4) L'Empereur écrivit au Ministre qu'il fallait punir sévèrement Saint-Cyr (correspondance de Napoléon).

(5) Siège de Girone, du 18 avril au 11 décembre 1809.

Général Verdier (*corps de siège*).

Division Verdier, 9.406 hommes, 515 chevaux (division Reille) ;
Division westphalienne, 3.597 hommes ;

de ravitailler facilement Barcelone. Mais ce revers ne changea en rien l'esprit de la population et les ducs de Castiglione et de Tarente ne réussirent pas mieux que Saint-Cyr dans la tâche ingrate que leur avait confiée l'Empereur.

Le général Duhesme l'avait prévu : « De toutes les provinces révoltées en Espagne je pense, écrivait-il le 3 août 1808, que la Catalogne sera la plus difficile à soumettre, à cause de l'opiniâtreté invincible des habitants, du nombre des places fortes, des montagnes et des miquelets. »

Dans les autres provinces de la Péninsule, en Aragon (1), en Castille et bientôt en Andalousie il y avait un parti ami des réformes et qui désirait secrètement le triomphe des idées françaises. On le nommait les Afrancesados. Il y avait même des officiers parmi eux. En Catalogne ce parti n'existait pas. Au commencement de 1810, nous n'étions maîtres, et il en sera à peu près ainsi jusqu'en 1813, que des points occupés par les troupes.

« C'est qu'il existait dans chaque individu une volonté de résistance que les revers exaltaient au lieu de diminuer, que les succès encourageaient et dont on ne pouvait prevoir le terme. »

Division Lecchi (Italiens), 3.459 hommes, 214 chevaux ;
10 compagnies d'artillerie à pied ;
960 artilleurs du VIIe corps ;
4 compagnies de sapeurs ;
Sapeurs du VIIe corps.

Saint-Cyr (*corps d'observation*).

1re Division, Souham ;
2e Division, Pino ;
3e Division, Chabot.
15.732 hommes, 1.819 chevaux.

(1) *Mémoires* du duc d'Albuféra, p. 82.

CHAPITRE II

INVASION DE L'ANDALOUSIE

Après le traité de Vienne (1), la paix sur les frontières orientales de l'Empire semblait devoir être de longue durée.

Napoléon pouvait donc consacrer tous ses efforts, toute sa pensée à la question d'Espagne et se débarrasser par un coup de force de ce boulet qu'il traînait après lui.

Il désirait alors venir prendre le commandement, faire cesser ainsi toutes les divisions, et il est fâcheux pour sa politique qu'il n'ait pas suivi cette inspiration (2). Son divorce et son mariage le retinrent à Paris.

Dès le 7 octobre 1809, il prescrivait à Clarke de réunir au commencement de décembre 80.000 hommes d'infanterie (dont 10.000 hommes de la Garde) et 15.000 chevaux (dont 9.000 dragons); l'armée d'Allemagne devait diriger sur Bayonne le corps Junot.

On travaillera en outre, ajoutait-il, à la formation d'une réserve de 100.000 hommes.

Cet ordre daté de Schœnbrünn était très détaillé et indiquait les ressources. En général les corps désignés étaient de nouvelle formation : les uns étaient formés avec les dépôts des anciens régiments, les autres provenaient des demi-brigades provisoires de l'armée du Nord ; enfin les alliés fournissaient un contingent de 4.000 à 5.000 hommes.

---

(1) 14 novembre 1809.

(2) Ses bagages étaient à Bayonne le 26 septembre. Berthier prenait, le 1er décembre, le titre de major général de l'armée d'Espagne.

Le 30 octobre 1809, l'Empereur complétait ses instructions en exprimant le désir de voir entrer, le 1er décembre, en Espagne la division Loison. Le corps Junot devait s'élever successivement à 50.000 hommes.

Ce dernier corps (VIIIe) devait arriver à Hendaye fin janvier avec ses quatre divisions d'infanterie (1) organisées plus ou moins solidement et une division de dragons.

Derrière ce corps nombreux, une réserve de 20.000 hommes devait être assez bien organisée pour entrer en Espagne au mois de mars 1810 (2).

Ces chiffres sont éloquents. Ils nous prouvent que, pour alimenter la guerre d'Espagne, la France s'affaiblissait chaque jour en hommes valides. Les meilleurs soldats, les plus solides disparaissaient ainsi dans cette lutte sans merci ni profit. La guerre de Russie devait donc se faire avec des troupes jeunes et en partie étrangères. Dès la fin de 1809 on peut prévoir la ruine de toutes les ressources vives de la nation française.

L'écrasement rapide des Anglais dans la Péninsule, le seul ennemi sérieux qui pût alors lutter contre l'armée impériale, était une nécessité.

Au commencement de l'année 1810, les armées espagnoles bien réduites et très affaiblies comprenaient :

1° Dans la vallée de l'Ebre, l'armée de Blake;

2° Dans la Manche et l'Estremadure, quelques milliers d'hommes, sous les ordres d'Arizaga et du duc d'Albuquerque;

---

(1) 1re division (10.000 hommes), très bonne; les bataillons à 840 hommes.
2e division (10.000 hommes), très bonne.
3e et 4e divisions, formées d'éléments tirés des dépôts.

(2) Cette réserve deviendra plus tard le IXe corps. Elle ne put être prête à l'époque désirée par l'Empereur.

3° Vers Ciudad-Rodrigo, plusieurs milliers d'insurgés commandés par La Romana.

L'armée anglaise venait d'atteindre Célerico; elle se réorganisait, et son chef faisait tous ses efforts pour donner quelque cohésion aux levées portugaises.

Le roi Joseph, qui comptait sur l'arrivée prochaine des VIIIe et IXe corps, avait hâte d'étendre son autorité en Andalousie, tandis que l'Empereur, plein de clairvoyance, ne pensait qu'à chasser les Anglais de la Péninsule.

Il y avait pour Joseph des raisons politiques de premier ordre qui militaient en faveur de la conquête de l'Andalousie

Par une marche rapide les Français pouvaient occuper Séville, dissoudre la Junte, s'emparer de Cadix et empêcher la coordination des efforts que pourraient tenter les différentes Juntes.

Pour Joseph les Anglais n'existaient plus.

Il ne pensait qu'à ramener à lui les Espagnols, à pacifier le pays. Il allait jusqu'à habiller et équiper aux frais du Trésor français des hommes qui désertaient ensuite pour aller servir dans les guérillas qui s'organisaient ou dans les armées de la Junte.

Les projets du roi présentaient de graves inconvénients.

Trois corps d'armée, sous un chef habile, allaient être séparés de la masse avec laquelle l'Empereur voulait porter aux Anglais un coup décisif. Les raisons militaires commandaient en effet l'action en masse vers Lisbonne.

Joseph ne vit que le côté politique. Sa conquête facile « paralysa 50.000 hommes à des accessoires (1) ». Il entreprit cette expédition de sa propre autorité, car l'Empereur « évita de se prononcer (2) » et n'attendit pas que

---

(1) Belmas, t. Ier, p. 109.
(2) *Mémoires* du roi Joseph, t. VII, p. 137.

son frère fût arrivé à Bayonne, ainsi qu'il le lui annonçait (1).

Les événements ont prouvé que Napoléon avait raison de résister au désir du roi qui était devenu violent dans ses discours, s'emportant contre son frère qui ne le laissait pas libre d'employer en Espagne les moyens dont il s'était servi à Naples (2).

Au moment même où le maréchal Soult, après avoir exigé du roi « un ordre écrit (3) », donnait l'ordre de se porter en avant, Napoléon écrivait à Berthier (qui avait repris les fonctions de major général) pour lui recommander certaines précautions dans le cas où l'armée marcherait sur l'Andalousie. Il lui disait qu'un parc de siège serait nécessaire, qu'il fallait prévoir une diversion des Anglais par Talavera ou Salamanque et, par conséquent, se couvrir vers l'ouest. Il ajoutait qu'il lui semblait prudent de porter le Ve corps à Alcantara et terminait ainsi :

« Le moindre mouvement rétrograde d'un des corps de l'expédition d'Andalousie serait contraire à toute idée militaire, enhardirait l'insurrection et découragerait l'armée (4). »

---

(1) Lettre du 13 décembre 1809 : « Dans peu de jours je serai en Espagne » (Napoléon à Joseph.)

(2) Frédéric Masson, *Napoléon et sa famille*, t. VI, p. 84. Il est probable que Joseph ne voulut pas attendre son frère pour être obligé de le recevoir comme un vassal reçoit son suzerain. Il désirait « se faire roi par lui seul ». Soult vit la faute militaire; mais il eut la faiblesse de ne pas assez résister aux sollicitations du roi.

(3) *Mémoires* du roi Joseph, t. VII, p. 137.

(4) Napoléon à Berthier, 28 janvier 1810. La décision du roi le surprit donc entièrement.

CHAPITRE III

OPÉRATIONS DE L'ARMÉE DU PORTUGAL

1° Projets de l'Empereur.

Nous avons vu les préparatifs de l'Empereur pendant son séjour à Schœnbrünn et après son retour aux Tuileries.

Son intention était de former une armée destinée à chasser définitivement les Anglais de la Péninsule. Mais, comme les renforts ne pouvaient arriver sur la Tormès qu'en avril (1810) ou mai, les opérations ne pouvaient commencer qu'à l'automne, car il fallait d'abord enlever Ciudad-Rodrigo et Astorga.

Napoléon pensait qu'à cette époque l'Andalousie serait pacifiée et qu'une partie de l'armée du duc de Dalmatie (1), un corps d'armée au moins, pourrait aider l'armée qui marcherait sur Lisbonne.

Il avait été surpris par la décision de Joseph puisqu'il avait fait écrire qu'il n'était pas satisfait des projets qui lui avaient été soumis pour occuper l'Andalousie, disant toujours : « Il n'y a de dangereux que les Anglais. »

Dès qu'il eut connaissance de cette campagne entreprise sans son autorisation (28 janvier) et de l'état d'âme de son frère (2), il prit possession d'un quart de l'Espagne en

---

(1) « Le Ve corps doit manœuvrer le Portugal du côté de Badajoz. » (Napoléon à Berthier, 27 mai 1810).

(2) Frédéric Masson, *Napoléon et sa famille*, t. VI, p. 28.

créant quatre gouvernements (décret du 8 février) : Catalogne, Aragon, Navarre et Biscaye. En outre, les provinces de Salamanque, des Asturies, Santander et Valladolid formaient des arrondissements où les généraux percevaient seuls les impositions.

Un instant Napoléon pensa à obliger Joseph à abdiquer et à remettre Ferdinand sur le trône d'Espagne. Mais le roi ne l'entendait pas ainsi et, le 17 avril 1810 (1), il divisait son royaume en départements.

L'Empereur répondit en enlevant à son frère le commandement de l'armée et en ne lui laissant que l'armée du centre et une seule province à gouverner (4 octobre 1810).

Il ne faut pas chercher ailleurs les causes des revers subis par les armées impériales. L'Empereur n'eut pas le courage d'aller jusqu'au bout et de rappeler son frère. Cette faiblesse, jointe au désir de consolider « le Grand Empire » (2), lui fit adopter cette mesure néfaste des gouvernements.

C'était un acheminement vers le démembrement de l'Espagne.

Il y eut bientôt un 5e gouvernement (Burgos), puis un 6e (Valladolid) (3) ; enfin un 7e (Asturies).

Ce système, détruisant le pouvoir central, permit toutes les défaillances, favorisa l'égoïsme et amena la rupture de tous les liens de solidarité et de fraternité qui sont le résultat de la discipline, la force des armées.

---

(1) Joseph était alors à Séville.

(2) Frédéric Masson, *Napoléon et sa famille*, t. VI, p. 132-133.

(3) Les sept gouvernements furent :
- 1er, Catalogne, Macdonald ;
- 2e, Aragon, Suchet ;
- 3e, Navarre, Dufour, puis Reille ;
- 4e, Biscaye, Thouvenot ;
- 5e, Burgos, Dorsenne ;
- 6e, Valladolid, Kellermann ;
- 7e, Asturies, Bonnet.

Lettres de Napoléon à Berthier (28 janvier et 12 février).

« La plupart des gouverneurs y portèrent (dans leurs provinces) l'amour de l'or;... ils reculent à une barbarie farouche, tels des proconsuls de la vieille Rome chez les nations conquises... Durant ces années l'Espagne retourne à une sorte de féodalité militaire où le lien de la discipline est aussi relâché que l'avait été celui de la vassalité;... les Grandes Compagnies revivent sous le nom de guerillas et le roi, cantonné dans ces ridicules provinces où l'Empereur lui laisse un simulacre de souveraineté, fait la même figure qu'en France jadis les premiers Capétiens (1). »

Les Espagnols les plus influents et les moins fidèles aux anciennes traditions virent dans cette mesure un excès de tyrannie et la volonté de faire entrer l'Espagne dans l'Empire.

2° Création de l'armée du Portugal.

Le décret d'organisation est du 17 avril 1810.

L'armée du Portugal devait compter trois corps d'armée.

Le IIe corps (général Reynier) comprenait 16.300 combattants et 18 pièces (trois divisions d'infanterie et deux divisions de cavalerie). Ce corps d'armée, alors en observation dans la vallée du Tage, au sud d'Almaraz, avait beaucoup souffert; mais les hommes étaient aguerris et animés d'un excellent esprit.

Le VIe corps (maréchal Ney) avait été renforcé par la division Loison et son effectif montait à 27.700 hommes et 30 canons.

Les deux tiers des hommes étaient d'anciens soldats capables de tout affronter avec un chef tel que Ney, qui avait reçu l'ordre de rejoindre son corps d'armée. Après une pre-

(1) Frédéric Masson, *Napoléon et sa famille*, t. VI, p. 138.

mière tentative contre Ciudad-Rodrigo (10 au 15 février), le duc d'Elchingen occupait (mois d'avril) Salamanque et ses environs ; les équipages n'étaient pas au complet (20 caissons) ; mais la solde était au courant. Les reconnaissances allaient jusqu'à Placencia et jusqu'aux glacis de Ciudad-Rodrigo.

D'après les ordres de l'Empereur (11 février 1810) les dragons Kellermann devaient être à la disposition du VIe corps pour « inonder les débouchés du Portugal par de fortes patrouilles de cavalerie ».

Le VIIIe corps d'armée (Junot), de formation récente, était loin de valoir les deux autres. Napoléon avait voulu élever son effectif à 50.000 hommes et le faire entrer en Espagne fin janvier (1) ; mais les circonstances empêchèrent la réalisation de ce projet. Ce corps ne comprenait que trois divisions (Clausel, Solignac et Lagrange) (2) et la division de cavalerie Treillard ; les cadres étaient incomplets et les équipages manquaient. En outre, au fur et à mesure de leur arrivée en Espagne, les divisions durent faire la guerre « aux brigands » en Navarre et en Biscaye avant de gagner Valladolid pour de là aller relever la division Loison (3) sur l'Esla.

Le maréchal Masséna (4), prince d'Essling, fut désigné pour prendre le commandement de cette armée. L'Empereur comptait beaucoup sur sa fermeté et son esprit de décision pour venir à bout de tous les obstacles ; mais le maréchal ne partit qu'à contre-cœur pour Salamanque où il arriva le 15 mai (5).

Les portraits que nous ont laissés les officiers de l'armée

---

(1) Napoléon à Clarke, 30 octobre 1809.

(2) La division Lagrange fut dissoute.

(3) Cette division était formée de jeunes soldats ; elle avait 3.000 hommes aux hôpitaux. (*Souvenirs de Sprünling*, p. 119.)

(4) Le maréchal Masséna (1756 - 1816) avait alors 54 ans.

(5) Le 10 mai, le maréchal était à Valladolid.

du Portugal sont peu flatteurs en général pour le maréchal. Celui du major Sprünling (1), officier d'état-major du VIe corps, ne semble pas exagéré ; il est exact, officiers et soldats le remarquèrent, que le héros d'Essling avait vieilli et n'avait plus l'activité d'autrefois.

L'armée, quand il arriva, était dispersée, sans direction, sans solde. Les liens de la discipline étaient relâchés et, il faut l'avouer, un dégoût profond régnait dans les cadres.

« On n'était plus au temps où les armées, comme des familles bien unies, n'avaient qu'une volonté, celle de faire réussir par le dévouement de chacun de leurs membres les entreprises du général en chef ; le mobile des vertus avait changé. »

Comme le dit le général Foy, l'armée du Portugal fourmillait d'éléments de discorde : « Ney veut faire ; mais il ne sait pas obéir ; Junot, humilié avec raison de se voir le troisième là où naguère il était le premier, voudrait de tout cœur que l'expédition manquât. Reynier, dont les intérêts sont d'accord en ce moment avec ceux de la chose publique ; Reynier va bon jeu, bon argent, mais le prince ne l'aime pas. »

Malgré tout, l'armée du Portugal, malgré son dénuement (2) et le peu d'entente qui régnait entre les commandants de corps d'armée, avait une valeur supérieure à celle des Anglais grâce à la solidité des hommes qui la composaient.

Le maréchal pouvait d'ailleurs se donner entièrement à sa mission, car il savait que derrière lui allaient être bien-

(1) Voici le portrait du maréchal : « Epuisé au physique comme au moral, Masséna n'était plus que l'ombre de lui-même et n'avait conservé de toutes ses héroïques qualités qu'une fermeté dégénérée en entêtement sourd à toute représentation. » (*Souvenirs de Sprünling*, p. 127.)

(2) Le IIe corps avait son habillement délabré ; les IIe et VIe corps manquaient de chaussures.

tôt réunies des forces importantes, d'abord les troupes gardant la Castille (15.000 hommes environ) (1), puis le IXe corps, enfin deux divisions de la Garde dont la première était à Logrono à la fin de l'année (2).

Au commencement de mai 1810, les corps d'armée du prince d'Essling étaient ainsi cantonnés :

IIe corps, à Truxillo et Almaraz;

VIe corps, autour de Ciudad-Rodrigo dont le siège était commencé;

VIIIe corps, Léon et Astorga.

L'Empereur suivait attentivement les affaires d'Espagne et s'occupait activement de l'organisation de l'armée du Portugal. A la fin du mois de mai (Le Havre, 29 mai 1810), il écrivit à Berthier pour fixer définitivement la composition des corps d'armée et indiquer comment l'opération devait être conduite.

« Il faut, disait-il, employer l'été à prendre Ciudad-Rodrigo et ensuite Almeida; il ne faut pas aller par expéditions, mais méthodiquement. Le général anglais, ayant moins de 3.000 hommes de cavalerie, peut bien recevoir la bataille dans un pays où la cavalerie est inutile, mais ne viendra jamais la livrer dans un pays de plaine.

» Je ne veux entrer en Portugal qu'en septembre, apres les chaleurs et surtout après les récoltes. »

Ces recommandations signifiaient que les Anglais étaient des adversaires sérieux, qu'il ne fallait rien laisser à l'imprévu, que le service de l'arrière devait être solidement organisé. La prise des forteresses de Ciudad-Rodrigo et

---

(1) Kellermann, à Valladolid, disposait de la division Seras, de dépôts et de ses dragons.

(2) La division Roguet (1re division jeune Garde) arriva le 30 décembre 1809 à Bordeaux :

1re brigade : 3e régiment de chasseurs et 2e régiment de tirailleurs;

2e brigade : 2e régiment de grenadiers et 2e régiment de tirailleurs grenadiers;

Deux régiments de marche de cavalerie.

Almeida devait donc être le prélude de cette campagne méthodique.

Diminuant à dessein, suivant son habitude, l'effectif des Anglo-Portugais, l'Empereur faisait écrire par le major général à Masséna que l'armée ennemie était forte de 24.000 Anglais et 22.000 Portugais (1).

Au mois de juin, alors que le siège de Ciudad-Rodrigo était en pleine activité, la situation de l'armée (2) était la suivante :

IIe CORPS : général REYNIER (16.298 hommes, 2.434 chevaux, 18 canons).

Division Merle;
Division Heudelet;
Division cavalerie légère Soult.

VIe CORPS : maréchal NEY (27.808 hommes, 5.609 chevaux, 30 pièces).

Division Marchand (siège de Ciudad-Rodrigo);
Division Mermet :
1 brigade à Salamanque; 1 brigade au siège de Ciudad-Rodrigo;
Division Loison (3) :
1 brigade à San-Felice; 1 brigade au siège de Ciudad-Rodrigo;
Brigade cavalerie légère Lorcet.

VIIIe CORPS : JUNOT (4) (19.130 hommes, 4.599 chevaux, 36 pièces).

Division Clauzel, à Léon et Benavente;
Division Solignac, à Astorga;

---

(1) Lettre du 29 mai 1810.
(2) *Mémoires* de Masséna, publiés par Kock,
(3) La division Loison avait été relevée sur l'Esla par le VIIIe corps.
(4) Ce corps composé de 3e et 4e bataillons venait de Souabe où il avait servi de réserve pendant la campagne d'Autriche.

Division Lagrange (1);
Brigade dragons Sainte-Croix.

Réserve de cavalerie : général Montbrun (4.624 hommes, 4.456 chevaux).

Trois brigades de dragons.

La division Seras (10.529 hommes), disposant d'une brigade de dragons, avait pour mission de couvrir la droite de l'armée en occupant Astorga et Léon, observant ainsi la route de Galice (2), donnant la main à la division Bonnet (3) (9.130 hommes et 456 chevaux) qui gardait les Asturies et aux troupes de Kellermann (5.246 hommes et 1 371 chevaux) dont le quartier général restait à Valladolid (6e gouvernement).

La Garde (4) (deux divisions) arrivait à Burgos où elle avait ordre de rester (5e gouvernement). Le IXe corps, « corps improvisé, » était en route et arrivait à Bayonne.

L'armée du Portugal proprement dite avait un effectif de 68.853 hommes et 17.719 chevaux.

3° L'armée anglaise.

Le 20 janvier 1810, Wellington (5) avait son armée cantonnée dans la vallée du Mondego, couvert vers l'est par quelques troupes légères poussées jusqu'à Almeida.

---

(1) Cette division fut dissoute et une partie de ses éléments servit à former la division Seras qui était à la disposition de Kellermann.

(2) Lettre de l'Empereur du 29 mai 1810.

(3) Cette division occupait toujours les Asturies. Elle avait été renforcée de deux régiments (lettre de l'Empereur du 11 janvier 1810). Napoléon tenait beaucoup à l'occupation de cette province afin de tenir en échec tout mouvement des Espagnols par la Galice et Léon.

(4) Un dépôt de 3.259 hommes (4 bataillons) était à Angers.

La Garde devait rester à Burgos; mais elle fut employée, dès son entrée en Espagne, à poursuivre les bandes qui menaçaient la ligne de communications gardée par 16 escadrons de gendarmerie appuyés par plusieurs bataillons.

(5) Wellington avait 40 ans.

Son profond mépris (1) pour les généraux espagnols et leur gouvernement provisoire, à la suite des événements de 1809, l'avait décidé à ne plus rien tenter pour le moment. Mais s'il ne voulait pas se compromettre pour des alliés qu'il jugeait insuffisants, il était loin de croire la partie perdue. Il se sentait alors soutenu par les ministres portugais et par l'opinion de toutes les puissances européennes qui ne voyaient pas sans plaisir Napoléon user ses meilleurs soldats dans cette guerre implacable. Le temps pouvait donc amener des circonstances favorables aux armes anglaises.

Un instant cependant le caractère si énergique de Wellington eut une défaillance. L'Angleterre se trouvant dans une situation fiscale des plus difficiles, il était impossible d'obtenir le moindre subside. Les whigs ne voulaient pas la guerre et le ministère ne savait quel parti prendre. Le scandale militaire (2) qui avait éclaté à Londres avait mis en mauvaise posture l'administration de la guerre et sa tâche était devenue des plus délicates.

Mais ses craintes se dissipèrent bientôt quand il vit une partie des meilleures troupes françaises occupées à la pacification de l'Andalousie : le Ier corps à Cadix et le IVe à Grenade.

Son parti fut pris : il n'abandonnerait la Péninsule qu'à la dernière extrémité.

L'invasion du Portugal était chose certaine; les renseignements parvenus ne pouvaient laisser aucun doute sur ce point; mais le duc de Wellington ne s'en émut pas :

« Avec une rare pénétration, il avait jugé la marche des

---

(1) « Tant que l'armée espagnole, des mouvements de laquelle je ne puis répondre, ne sera pas commandée par des officiers capables, je ne m'associerai à aucun système de coopération avec elle. » (Lettre de Wellington à son frère, 3 octobre 1809.)

(2) Malversations, vente de titres et de grades.

choses dans la Péninsule mieux que Napoléon lui-même. ... Il se disait, avec une conviction que rien n'avait pu ébranler, que ce vaste échafaudage de grandeur (l'Empire français) était miné de toutes parts... »

Il n'y avait qu'à attendre ; les armées françaises divisées s'affaibliraient chaque jour.

Mais il fallait à tout prix rester maître de Lisbonne pour donner un appui moral aux troupes. Aucun autre port ne présentait les mêmes avantages, car il était possible de créer autour de la capitale du Portugal une ceinture de retranchements difficiles à emporter, même par des troupes supérieures en nombre, en arrière desquels il y aurait une zone profonde, où l'armée alliée bien protégée naturellement sur ses flancs pourrait vivre, manœuvrer et attendre en toute confiance les événements (1).

La création du camp retranché de Torres-Vedras commença en octobre 1809, dans le plus grand secret (2).

Mais le général anglais ne considérait l'occupation des lignes de Torres-Vedras que comme le réduit de la défense et il ne voulait les occuper que s'il ne parvenait pas à arrêter les Français sur les limites du Portugal.

Aussi voulut-il créer un désert devant eux (3), les harceler sans cesse, et pour la bataille, s'il était nécessaire de la livrer, organiser avec les Portugais une armée solide.

---

(1) Le ministère Perceval (1809-1812) venait d'aboutir et le marquis de Vellesley en faisait partie. Le général anglais fut vivement pris à partie, dans les Chambres, ainsi que son frère. Ce ne fut qu'à partir du printemps 1812, après la bataille de Fuentès-d'Onoro, qu'il ne fut plus sérieusement question d'abandonner l'Espagne malgré les conséquences du blocus continental. (Voir *Histoire générale*, t. IX, Lavisse et Rambaud, pages 563 à 581.)

(2) Instruction du 20 octobre au colonel Fletcher. Les plans du génie français (1807) lui servirent.

(3) Système de Loyd employé par les Russes en 1822, proclamation de Wellington.

C'était pour avoir carte blanche que le général anglais s'était fait nommer maréchal général du royaume (1), c'est-à-dire maître absolu de toutes les forces militaires avec un autorité indépendante de celle de la régence du Portugal.

Malgré l'opposition de la régence et des hidalgos, les mesures violentes prescrites pour l'appel général des hommes valides et la destruction de toutes les propriétés devant l'envahisseur furent exécutées.

Au commencement de l'année 1810 l'armée anglaise comptait cinq divisions d'infanterie (2) et une division de cavalerie (25.000 hommes environ); les forces indigènes (dont 40 régiments d'infanterie de milice) s'élevaient à 56.000 hommes.

Quatre divisions étaient échelonnées de Guarda à Viseu: la division Hill était à Castello Branco observant le IIe corps, les Portugais de Beresford à Thomar (3), la cavalerie dans la vallée du Mondego; la milice dans les vallées du Douro et dans l'Alemtejo (4).

Toutes ces troupes étaient dans une opulence relative; des magasins de vivres avaient été constitués dans toutes les villes de quelque importance.

---

(1) 23 novembre 1809.

(2) 1re division Spencer, 2e division Hill, 3e division Picton, 4e division Cole, division légère Crawford;

(3) Une route avait été tracée allant de Thomar à la vallée du Mondego, afin de permettre la concentration facile de l'armée soit vers Coïmbre, soit vers Abrantès.

(4) 1re division Spencer, à Viseu;
2e division Hill et un régiment de dragons, à Abrantès;
3e division Picton, à Celerico;
4e division Cole, à Guarda;
Division légère Crawford;
Division de cavalerie Cotton dans la vallée du Mondego;
1re division portugaise, à Thomar } sous les ordres de Beresford.
2e division — à Abrantès }
Milices : 21 bataillons, sur le Douro; 4 bataillons, dans l'Alemtejo; 12 bataillons, à Sétubal.

En quarante-huit heures 38.000 Anglais et Portugais peuvent être réunis à Guarda.

Le service des transports était assuré par des brigades de mulets de bât (1).

4° Opérations en Portugal, Busaco, blocus de Lisbonne, Fuentès-d'Onoro.

Après la chute de Ciudad-Rodrigo et d'Astorga (2) (9 juillet 1810), le VIe et le VIIIe corps marchèrent sur Almeida et commencèrent le siège de cette place à la suite d'un échec sérieux infligé par le VIe corps à la division Crawford qui s'était aventurée au delà de la Coa.

La garnison comprenait quelques milliers de Portugais sous les ordres du colonel Cax.

Le 15 août, la tranchée était ouverte.

Sur ces entrefaites le prince d'Essling apprit que le comte d'Erlon (3) devait quitter Bayonne et que le désir de l'Em-

---

(1) 400 charrettes à bœufs et 1.200 mulets.

(2) Le siège de Ciudad-Rodrigo par le VIe corps avait été long (12 février - 9 juillet 1810) :

1re division Marchand, 6.965 hommes;

2e division Meunet, 7.207 hommes;

3e division Loison, 9.171 hommes;

Brigade cavalerie légère Lamotte, 7 escadrons.

Le siège d'Astorga par le VIIIe corps avait été moins pénible (21 mars-22 avril 1810):

1re division Clauzel, 2e division Lagrange, 3e division Polignac, (20.580 hommes).

Division dragons Treillard, 8 régiments provisoires :

1re brigade Sainte-Croix, 12 escadrons; 2e brigade Bessières, 8 escadrons; 3e brigade Bron, 12 escadrons.

La garnison d'Astorga (5.500 hommes) était commandée par un vieillard, le général Herrasti.

(3) Drouet, comte d'Erlon (1765 - 1844).

Le IXe corps arriva en août à Vitoria; il se composait de demi-brigades. Les bataillons étaient faibles.

Après Fuentès d'Onoro (juin 1811), ce corps d'armée, réduit à 7.000 hommes au plus, passa à l'armée du Midi. Le numéro du corps d'armée disparut.

Le général Thiébault, alors à Salamanque (voir ses *Mémoires*), devait être le chef d'état-major de ce corps d'armée. Il a laissé du général Drouet un portrait peu aimable.

pereur était de voir commencer la campagne en septembre.

Le maréchal ordonna alors au IIe corps, qui était dans la vallée du Tage, de le rejoindre par Alcantara, Alfayatès et Sebugal. Ce corps d'armée était en marche quand un accident livra la forteresse d'Almeida aux Français.

L'explosion d'un magasin à poudre força le colonel Cax à capituler, livrant ainsi au vainqueur de gros approvisionnements.

La porte du Portugal était ouverte.

Les deux sièges de Cuidad-Rodrigo et d'Almeida n'avaient été troublés (1) en aucune façon par Wellington resté fidèle à son système de temporisation, système convenant parfaitement à la situation puisqu'il manœuvrait sur une terre étrangère et qu'au fond livrer une ou plusieurs provinces à l'envahisseur lui importait peu.

Il eut raison de rester insensible aux prières du général Herrasti, du marquis de La Romana, et de ne vouloir exposer ni un homme ni un canon.

Il écrivait, le 6 septembre 1810, au ministre portugais don Miguel Forjas : « Certes la prise d'Almeida est une affaire pénible ; mais de vaines clameurs ou la frayeur ne me feront modifier en rien le système et le plan d'opérations que j'ai adoptés après de sérieuses réflexions ! »

Le général anglais ne pouvait déplorer la chute de ces deux places qu'à un seul point de vue, celui des ressources en vivres et en munitions livrées aux Français.

C'était pour ces derniers une grosse question que celle des vivres, car il fallait alimenter 60.000 hommes dans une région inculte, où les communications étaient rares et difficiles. Au delà de Coïmbre le pays était riche : mais Wellington comptait bien ne laisser qu'un désert. Tout fut dé-

---

(1) Les soldats français firent la moisson. Chaque régiment faisait son pain.

vasté méthodiquement depuis la frontière jusqu'à Lisbonne (1).

« On vit en cette occasion, par un de ces mouvements héroïques si peu fréquents dans l'histoire des empires, une population tout entière, couverte par une armée, se retirer devant ceux qui venaient l'asservir (2). »

Villiam Lawrence nous a laissé un tableau saisissant de cette population fuyant devant les Français :

« Je n'avais jamais vu et je n'ai plus vu depuis un déménagement aussi prodigieux que celui-ci, car chacun semblait soucieux de transporter autant de choses qu'il y avait de place pour les entasser. Plus nous avancions, plus notre retraite se faisait au milieu de la confusion générale (3)... »

Après bien des efforts, le prince d'Essling était parvenu, malgré le mauvais vouloir de Kellermann (4), à donner à ses hommes seize jours de vivres dont six sur le sac, à organiser un approvisionnement de 60 cartouches et à atteler huit pièces par division.

Les hommes étaient excellents, aguerris (5) et capables des plus grands efforts. Malheureusement il y avait bien des tiraillements au sein des états-majors (6) et le général en chef était l'objet des railleries des ducs d'Elchingen et d'Abrantès à cause de sa conduite privée (7).

On le trouvait aussi, nous l'avons dit, vieilli et usé : « Il n'a que 52 ans, écrivait le général Foy, et il en paraît plus de soixante ; il est maigri, courbé. »

---

(1) Rapport de l'intendant Lambert à Berthier (Viseu, 23 septembre).

(2) *La Campagne de Portugal en 1810 et 1811.* — Cette brochure publiée à Londres était interdite en France sous peine de mort.

(3) *Mémoires d'un Grenadier anglais*, p. 76 et 77.

(4) La correspondance de Masséna avec Kellermann ne laisse aucun doute à cet égard.

(5) Loison et Ney vivaient en mauvaise intelligence ; Ney et Junot étaient dégoûtés.

(6) *Mémoires* de Marbot.

(7) *Mémoires* de Thiébault, p. 475.

Le 15 septembre 1810, la situation de l'armée était la suivante :

IIe corps (1), à Guarda ;

VIe corps, à Freixedas ;

VIIIe corps, à Pinhel ;

Réserve de cavalerie, arrière-garde (brigade Taupin) : près d'Almeida.

Masséna pouvait se porter directement sur Coïmbre en franchissant tous les affluents de gauche du Mondego. C'était la route la plus courte et la meilleure, mais aussi la plus facile à intercepter, les contreforts de la sierra d'Estrella, qu'elle traverse, ayant une direction perpendiculaire à la sienne.

Wellington supposait que les Français suivraient cette direction ; aussi avait-il trois divisions sur l'Alva avec avant-garde à San-Ramoa (à 35 kilomètres de la tête du IIe corps). Mais le prince d'Essling, conseillé par le marquis d'Alorna et les officiers portugais qui servaient dans l'armée française depuis la reddition d'Almeida, résolut de marcher sur Viseu par la rive droite du Mondego.

On a beaucoup blâmé Masséna d'avoir pris cette décision ; mais ces reproches ne semblent pas justifiés et il est tout naturel que, manquant de renseignements sur les ressources de toute nature que présentait la contrée, il ait écouté l'avis des officiers portugais.

D'ailleurs, si toute l'armée française s'était avancée sur San-Ramoa, une simple arrière-garde l'eût arrêtée dès le premier jour et la réunion des forces anglaises eût été facile. Tout était préparé pour bien recevoir l'armée française sur la rive gauche du Mondego.

En se portant sur Viseu, l'armée française trompait et déconcertait les Anglais, gagnait du temps et pouvait

---

(1) Le IIe corps venait de la vallée du Tage où il était resté en observation devant Hill et les troupes espagnoles d'Estramadure.

compter sur quelques ressources. Cette dernière considération avait bien son importance.

Le 18 septembre, l'avant-garde du VIe corps avait atteint le Dao à Villanova.

Les autres corps, marchant chacun en une seule colonne, étaient ainsi placés :

VIIIe corps, la tête à Otojal, le gros échelonné sur la route de Pinhel à Viseu;

VIe corps, à Fornos, échelonné sur une profondeur de 23 kilomètres;

IIe corps, vers Juncaïs, ayant une forte flanc-garde vers l'ouest;

Parcs et convois, à Prova-del Rey.

Le 19 septembre les corps continuèrent leur marche :

VIIIe corps, à Cruz-Alta.

VIe corps : avant-garde à Fail; gros, au bivouac, près de Viseu;

IIe corps, à Mangualda.

L'artillerie du VIe corps était encore au loin, engagée dans un chemin qu'il fallait réparer (1).

Le 23 seulement, le convoi arrivait à Viseu après avoir été attaqué à plusieurs reprises par les partisans du colonel Trent.

Pendant ce temps le VIe corps, suivi du VIIIe, s'était légèrement avancé vers le sud ; le 22, l'avant-garde du VIe était à Casal-Maria et les patrouilles atteignaient Baril; le même jour, le IIe corps avait son avant-garde à Comba-Dao.

Wellington fut un instant trompé (2) par la manœuvre

---

(1) « On ne se serait jamais imaginé, dit Wellington, que les Français feraient la marche qu'ils exécuterent à travers le Haut-Beira. »

(2) L'état-major anglais croyait que Masséna manœuvrerait par sa gauche pour lier ses opérations à celles de l'armée du Midi (Londonderry, t. II, p. III).

du prince d'Essling (1); mais le colonel Trent, dont les partisans harcelaient les colonnes françaises, l'avertit le 19 et cet avis lui permit de prendre ses dispositions pour occuper à temps la Sierra d'Alcoba avec la majeure partie de ses forces.

Les divisions Crawfurd et Cole franchirent immédiatement le Mondego avec ordre de remonter le Dao et la Criz et de rompre tous les ponts.

En même temps Wellington appelait de Thomar les divisions Hill et Leith pendant que les divisions Spencer et Picton, ainsi que la cavalerie, marchaient sur Coïmbre par Ponte-Murcelha.

Le maréchal Masséna avait atteint Viseu sans coup férir et tout lui donnait à penser qu'il n'y aurait pas de rencontre avant Coïmbre.

C'est ce qui explique en partie son séjour à Viseu jusqu'au 24 septembre, bien plus que la préoccupation d'attendre l'artillerie (2) et les convois.

Il se trompait.

Le 25 septembre, dans la soirée, l'armée française était ainsi placée :

IIe corps : avant-garde à Santo-Antonio; gros, à quelques kilomètres en arrière;

VIe corps : avant-garde à Moira; gros, échelonné en arrière;

VIIIe corps : au bivouac à Casal-Maria.

Les avant-gardes étaient donc au pied même de la sierra de Busaco sur laquelle Wellington avait réuni quatre divisions sur six; il attendait celles de Leith et Hill.

---

(1) Brialmont (t. Ier, *Histoire de Wellington*) blâme Masséna d'avoir abandonné sa ligne de communication avant d'en avoir établi une autre. C'était en effet une manœuvre téméraire qui eût amené un désastre en face d'un adversaire plus résolu que Wellington. Mais à la guerre l'audacieux réussit souvent.

(2) Les chevaux avaient beaucoup souffert. Belmas, t. Ier, p. 130.

Le 26 au matin, le duc d'Elchingen et le général Reynier firent demander des ordres au général en chef. Ils auraient voulu attaquer immédiatement; mais le maréchal était loin, à Mortagoa (1), persuadé que l'ennemi ne voulait pas risquer une bataille.

A 2 heures seulement il arrivait sur les lieux.

La reconnaissance qu'il fit lui démontra que l'affaire serait chaude et il résolut d'attendre l'arrivée du VIIIe corps. L'attaque fut donc remise au lendemain.

Le lendemain Wellington disposait de deux divisions de plus !

Si le maréchal avait été à sa place, à l'avant-garde et non à Mortagoa, la bataille aurait eu lieu le 25 ou le 26 au matin.

Dans tous les cas, puisque la bataille était résolue pour le 27, puisque l'attaque de front semblait très difficile, n'était-il pas nécessaire de faire reconnaître si la position pouvait être attaquée autrement ? N'était-il pas également indispensable pour le général en chef de rester au milieu de ses troupes ?

Napoléon écrivait en 1809 au prince Eugène : « Masséna a des talents militaires devant lesquels il faut se prosterner. »

Ces talents, l'Empereur les a exprimés en ces termes (2) :

« Il était éminemment noble et brillant au milieu du feu et du désordre des batailles. Le bruit du canon lui éclaircissait les idées, lui donnait de l'esprit, de la pénétration et de la gaîté ».

Ces brillantes qualités n'étaient pas suffisantes, en présence surtout d'un adversaire froid et méthodique comme l'était Wellington.

---

(1) *Mémoires* de Marbot.

(2) Napoléon, *Commentaires*, t. IV, p. 196. « Notes sur le siège de Gênes. »

Il paraît établi que le maréchal fut informé de l'existence d'un chemin conduisant de Mortagoa à Boïalva, que des officiers d'état-major insistèrent pour qu'il fût reconnu le 26 au soir, mais que ce fut peine inutile. Le maréchal revint au quartier général sans vouloir rien entendre (1).

Le 27, de grand matin, le prince d'Essling était présent sur le champ de bataille.

Le terrain était difficile et les pentes dures à gravir. Néanmoins les IIe et VIe corps se portèrent bravement en avant ; mais il n'y eut pas concordance dans leurs efforts. Le premier commença son mouvement à 7 heures et le second aborda les hauteurs du couvent à 9 heures. Le VIIIe corps et la cavalerie, en réserve générale, ne donnèrent pas.

Cette attaque de front sans préparation, sans manœuvre, absurde au dire du général Foy qui y fut grièvement blessé, contre un ennemi auquel n'échappait aucun mouvement de l'armée française, échoua piteusement et ce fut avec des pertes énormes (2) qu'elle se retira vers Sochal et Moira.

C'était un échec sérieux et il fallait s'attendre à être poursuivi par les Anglais. Mais Wellington était trop prudent pour se risquer dans la plaine où la lutte aurait certainement pris un tout autre caractère. D'ailleurs son but était atteint. Il nous avait arrêtés et il pensait que c'était pour longtemps. Il n'avait accepté la bataille que « par politique » (3), pour ne pas être obligé de ravager toute la plaine de Coïmbre avant d'avoir combattu, ce que les Portugais n'auraient pas compris.

---

(1) Un jardinier et un moine certifiaient que le chemin existait. Le maréchal Ney était resté quarant-huit heures dans les environs.

(2) Plusieurs généraux furent grièvement blessés ; il y eut 4.000 à 5.000 hommes mis hors de combat.

(3) Tous les auteurs, même anglais, ont blâmé Wellington de s'être exposé ainsi et d'avoir oublié, en livrant bataille, l'idée générale qui présidait à ses opérations.

La journée de Busaco était excellente pour le général anglais et il pensait que son adversaire ne tarderait pas à se retirer faute de vivres.

Il en fut tout autrement.

Dans la nuit du 27 au 28 septembre, le colonel Sainte-Croix (1), qui commandait une brigade de la réserve de cavalerie, fut appelé auprès de Masséna et reçut la mission de reconnaître le chemin dont il avait été question le 26 au soir.

Cette reconnaissance tardive fit découvrir une route carrossable, praticable à toutes les armes. Le commandant en chef en fut prévenu le 28 à midi.

De Mortagoa à Boïalva on compte 23 kilomètres. Montbrun et Sainte Croix, avec une partie de la réserve de cavalerie, ayant atteint le second de ces points dans la nuit du 28 au 29, y laissèrent un régiment avec ordre de tenir à tout prix et se portèrent sur la grande route d'Oporto à Coïmbre sans rencontrer aucun obstacle.

Grâce à l'incurie du colonel Trent (2) et à l'idée fausse que s'était faite Wellington de l'état de l'armée française, idée qui l'avait rendu trop confiant, toute l'armée française allait pouvoir accomplir, sans être inquiétée ni même éventée, une marche de flanc à sept kilomètres environ de la gauche des positions de l'armée anglaise.

Afin de ne pas attirer son attention, Masséna fit entretenir sur le front une vive fusillade ; puis, à la nuit tombante, les corps d'armée se dérobèrent dans cet ordre : VIIIe corps, VIe corps, bagages et blessés, IIe corps formant arrière-garde avec une partie de la réserve de cavalerie.

La durée d'écoulement de toute l'armée étant de dix

---

(1) Ancien aide de camp du maréchal, officier brillant.

(2) Le colonel Trent, qui venait des environs de Viseu, était allé à Oporto malgré les ordres de Wellington. Il n'arriva à Sardao que le 28 au soir et y trouva des dragons français.

heures environ, la queue du IIe corps eût dû quitter Mortagoa vers 6 heures du matin (29 septembre); mais il y eut un certain encombrement et du désordre, les instructions données n'ayant pas été ponctuellement exécutées. Le corps de queue ne put rompre qu'assez tard (le 29 septembre) dans la matinée.

Quant au VIIIe, il marcha toute la nuit et le 29 au matin il était maître des débouchés à l'ouest du défilé. Le même jour, à la nuit tombante, le IIe corps débouchait de Boïalva.

Désormais l'armée française avait devant elle un terrain favorable aux évolutions et il semblait à tous que l'entrée à Lisbonne n'était qu'une question d'heures.

Ce fut dans la nuit du 28 au 29 (1) que Wellington connut la marche de flanc exécutée par le prince d'Essling. Il était jusque-là resté figé sur ses positions sans prendre aucune mesure propre à connaître les intentions de son adversaire. Aussi fut-il complètement surpris par cette manœuvre qu'il aurait dû prévoir et empêcher.

Il était temps de décamper.

Dès le 29 au matin la sierra d'Alcoba était évacuée et toute l'armée se retirait en plusieurs colonnes sur Coïmbre, entraînant avec elle toute la population qui emportait ou détruisait ce qu'elle avait de précieux.

« Il n'y avait, dit Wellington, après avoir quitté Busaco, aucune position que nous puissions occuper avec la certitude d'empêcher l'ennemi d'arriver à Lisbonne avant nous, à moins d'atteindre les positions fortifiées en avant de cette place (2). »

Atteindre le camp de Torres-Vedras au plus vite, tel fut alors le but poursuivi. Wellington ne voulait plus risquer un homme pour arrêter l'invasion.

---

(1) Vers minuit, d'après Brialmont, le 29 seulement d'après d'autres auteurs.

(2) Relation des opérations en 1810.

Il s'agissait au contraire, pour l'armée française, de faire tous les sacrifices nécessaires pour obliger l'armée anglaise à s'arrêter pour lui faire face.

A partir de Boïalva le VIIIe corps prit la tête; mais au delà de Coïmbre le prince d'Essling, auquel l'armée reprochait non sans raison l'échec de Busaco (1), forma une avant-garde générale ayant pour mission de garder le contact et de bousculer les arrière-gardes anglaises.

C'était le moment où Napoléon écrivait : « Mon intention est que le prince d'Essling attaque et culbute les Anglais en ne tâtonnant pas et en les attaquant franchement après les avoir reconnus (2). »

L'avant-garde générale organisée à Coïmbre était ainsi composée :

Brigade cavalerie légère Soult (IIe corps);

Brigade cavalerie légère Sainte-Croix (VIIIe corps);

Brigade cavalerie légère Lamothe (VIe corps);

Brigade d'infanterie Taupin (1.500 hommes), qui était restée à l'arrière-garde depuis le départ d'Almeida;

Une compagnie d'artillerie à cheval du VIIIe corps.

Elle ne put quitter les environs de Coïmbre que le 4 octobre, après le pillage de la ville. Affamées, les troupes saccagèrent tout, jusqu'aux magasins à vivres (pillage de Condeixa par le VIIIe corps, 2 octobre).

L'armée perdit ainsi trois jours pleins à Coïmbre (3).

Si cette avant-garde (ou le VIIIe corps) (4) avait été poussée en avant dès le 1er octobre, ce qu'eût fait certainement

---

(1) *Souvenirs* de Sprünling, p. 159.

(2) Napoléon à Masséna, Saint-Cloud, 19 septembre 1810.

(3) *Mémoires* de Marbot, p. 402, t. II.

Marbot, qui fut aide de camp de Masséna, n'est pas tendre pour le maréchal.

(4) Ce corps avait été tenu en réserve et n'avait pas souffert à Busaco. Il pouvait, d'après Marbot, continuer à former l'avant-garde.

l'Empereur, les Anglais qui avaient fait halte à Leyria pour se reposer (1) auraient été obligés de livrer bataille.

Leurs colonnes étaient en effet en désordre, « embarrassées par une énorme masse de fuyards dans laquelle hommes, femmes, enfants, vieillards, moines, religieuses et soldats étaient entassés pêle-mêle avec des milliers de bêtes de somme (2) ».

Le 5 octobre, Montbrun, commandant l'avant-garde, était à Caval-el-Ovos et n'avait pas encore repris le contact.

Le 6 (3), les Anglais quittaient Leyria en deux colonnes : l'une se dirigeait sur Alcobaça et l'autre sur Alcoentre.

Dans la journée du 8, la brigade Sainte-Croix parvenait enfin à reprendre le contact (4). Ses coureurs atteignaient Alcoentre. Mais l'infanterie était loin, harassée, incapable d'avancer à la suite de marches pénibles sous une pluie torrentielle. Et déjà Wellington touchait aux lignes de Torres-Vedras avec 25.000 hommes (dont 3.000 cavaliers). Il pouvait, en outre, disposer de 30.000 Portugais.

Le 9 octobre, la cavalerie française occupait Santarem et une reconnaissance faisait connaître que la division Hill avait pris la direction de Lisbonne par la vallée du Tage et avait détruit toutes les barques.

Ce même jour l'avant-garde poussait jusqu'à Alemquer et y bousculait une arrière-garde anglaise pendant que le VIIIe corps s'emparait de Sobral.

Les journées des 9, 10 et 11 octobre furent employées à

---

(1) Les Anglais ne quittèrent Leyria que le 6 octobre après le sac de la ville et des scènes d'ivrognerie telles que Wellington dut réprimander ses officiers et faire pendre plusieurs hommes.

(2) *Mémoires* de Marbot, t. II, p. 402.

(3) Le colonel Trent enleva ce même jour notre hôpital de Coïmbre (3.000 hommes). Presque tous les blessés français périrent.

(4) A Mohano.

concentrer les IIe et VIe corps à Alcoentre et le VIIIe à Minho de Cubo. Le 10, la brigade Sainte-Croix était arrivée à Alhandra sur les talons des Anglais; mais le général était tué et la cavalerie française perdait un de ses chefs les meilleurs.

Masséna arrivait devant les lignes de Torres-Vedras dont il ne soupçonnait l'existence que depuis deux jours et cependant plus de 7.000 paysans réquisitionnés y avaient travaillé près d'une année (1).

Le camp retranché présentait trois lignes de défense.

La première, la plus avancée du côté du nord, avait un développement de 48 kilomètres depuis Alhandra jusqu'à la mer; toutes les ressources de la capitale avaient été mises à contribution pour améliorer les défenses naturelles (abatis, redoutes, voies de communication. etc.).

La deuxième ligne, à 12 kilomètres de la première, avait un développement de 32 kilomètres.

La troisième, formant réduit, était destinée à couvrir l'embarquement des troupes, s'il devenait nécessaire.

Le nombre des défenseurs s'élevait à 130.000 hommes, dont 60.000 environ n'avaient aucune instruction.

La garde des retranchements était confiée aux Portugais et aux Espagnols; l'armée anglaise constituait la réserve.

Si l'on considère l'étendue du front de la première ligne, le désordre qui régnait dans les colonnes anglaises au moment où elles arrivaient près des premiers ouvrages avancés; si l'on tient compte, d'autre part, du service qu'exigeait la garde des ouvrages de la deuxième ligne, il est évident que l'effectif des hommes disponibles eût été insuffisant pour supporter le choc de l'armée française sur un point bien choisi.

Mais cette dernière marchait à l'aveugle, sans renseigne-

---

(1) *Mémoires* de Jones.

ments, s'engouffrant en entier dans la plaine d'Alenquer, à la suite de son avant-garde.

Le 11 octobre, l'armée était ainsi disposée :

Cavalerie de l'avant-garde : aux pieds des hauteurs fortifiées d'Alhandra;

VIIIe corps, à Sobral;

VIe corps, à Otto,

IIe corps, à Villafranca;

Quartier général, à Alemquer.

Des hauteurs du Monte Junto, le prince d'Essling pouvait se rendre compte des difficultés d'une attaque de vive force. Le souvenir de Busaco était encore vivant et les commandants des IIe et VIe corps déclaraient qu'ils n'obéiraient pas (1).

Il est vrai que l'armée était mal engagée. Il eût donc fallu la retirer, et faire une reconnaissance minutieuse, avant de frapper un coup vigoureux sur un point favorable, mal gardé ou d'un abord facile, pendant que l'attention des réserves anglaises eût été appelée ailleurs par des démonstrations.

Les lignes continues n'ont jamais été pour des troupes aguerries un obstacle insurmontable et des sièges importants ont prouvé que le défenseur doit succomber même s'il peut communiquer avec l'extérieur (2).

Mais s'il s'agissait d'un siège, le prince d'Essling ne disposait pas des ressources nécessaires pour y procéder. Il était sans nouvelles de Madrid et de Paris, et son dépôt de Coïmbre avait été enlevé; comment aurait-il pu se procurer un équipage de siège?

Ainsi l'armée française ne pouvait briser la résistance des Anglais par une attaque brusquée, encore moins entreprendre un siège.

---

(1) *Mémoires* de Marbot, t. 2, p. 410 et 411.
Souvenirs de Sprünling. p. 159 et suivantes.

(2) Sièges de Tarragone (1811) et de Sébastopol.

Cependant, d'après l'opinion du marquis de Londonderry, adjudant général de Wellington, d'après les témoignages de plusieurs officiers anglais (1), un assaut aurait réussi grâce à la confusion (2) qui régnait dans l'intérieur du camp et à l'ignorance où étaient les soldats et les généraux alliés du rôle qu'ils avaient à jouer.

Masséna et ses lieutenants ignoraient tout cela. Depuis qu'ils étaient devant Lisbonne, ils n'avaient pu « y faire pénétrer un seul homme (3) ». (29 octobre 1810.)

Le 13 octobre, le VIIIe corps essaya vainement de dépasser Sobral. Le 14 et le 15, le général en chef parcourut la ligne des retranchements ennemis et se décida à établir une sorte de blocus devant les retranchements ennemis en attendant des renforts et des circonstances plus favorables.

Le blocus fut d'abord resserré :

VIIIe corps, Sobral ;

IIe corps, Villafranca ;

VIe corps, Otta et Alenquer ;

Cavalerie légère, échelonnée le long du Tage jusqu'à Santarem où fut cantonnée la brigade Soult chargée de garder les hôpitaux, les magasins, les fours, les poudrières (22 octobre 1810) ;

Réserve de cavalerie, partie à Leyria, partie à Thomar et Punhete. Un pont de chevalets fut jeté sur le Zézère, près de cette dernière localité. Le général Montbrun commandait sur ce point.

Il était urgent d'avoir des nouvelles au plus tôt et surtout de faire connaître à l'Empereur la situation précaire où se trouvait l'armée du Portugal. Il était, en effet, impossible de tenter quelque entreprise sans avoir

---

(1) Mémoires de Marbot, t. II, p. 410 et 411.
(2) *Mémoires d'un Grenadier anglais*, p. 76 et 77.
(3) Masséna à Berthier, 29 octobre 1810.

reçu des renforts ; encore fallait-il qu'ils ne se fissent pas trop attendre.

Le général Foy, blessé à Busaco, partit pour Paris le 29 octobre avec un faible détachement. Le 8 novembre, il arrivait à Ciudad-Rodrigo, après un voyage des plus pénibles. Il trouva la province tranquille et enjoignit au général Gardanne de rejoindre l'armée du Portugal.

Le 22 novembre, il arrivait à Paris et était reçu par l'Empereur.

Napoléon désapprouva la bataille de Busaco et regretta qu'après cet échec Masséna n'eût pas pris position à Coïmbre. Mais il ne blâma pas cependant le maréchal d'avoir marché sur Lisbonne.

L'insubordination des commandants de corps d'armée le toucha vivement et c'est alors qu'après avoir fait l'éloge de Desaix il prononça ces paroles: « C'est le caractère bien plus que l'esprit qui distingue les hommes et qui les rend célèbres. »

Le 25 décembre, le général Foy revit l'Empereur qui lui fit part de ses intentions et déclara que par politique il fallait tenir en échec Wellington et gagner du temps. Il s'agissait d'attendre le Ve corps qui devait prêter son concours à Masséna.

Pendant ce temps la situation empirait.

Il fallait vivre et le pays était ruiné. La discipline s'affaiblissait chaque jour.

Afin de donner la main au duc de Dalmatie, dont Masséna supposait la présence vers Badajoz, et aussi pour se procurer quelques ressources, la construction d'un pont sur le Tage s'imposait; mais les matériaux et les ouvriers manquaient. Le général Eblé (1) rencontra des difficultés autrement sérieuses qu'à l'île Lobau. En outre, le

(1) On construisit deux équipages de quarante bateaux chacun.

général Hill vint prendre position en face de Santarem pour s'opposer à toute tentative de passage.

La misère des troupes françaises contrastait avec l'abondance dans laquelle vivaient les troupes anglaises abondamment ravitaillées (1) et bien cantonnées.

Un mouvement rétrograde de toute l'armée était nécessaire.

Les instructions furent données le 11 novembre,

Comme le IIe corps et surtout le VIIIe étaient au contact des troupes anglaises, l'opération était délicate. Elle commença le 14 novembre, à 7 heures du soir, dans le plus grand silence, et se continua le lendemain sans être inquiétée.

Le IIe corps occupa Santarem.

Le VIIIe corps s'établit à Alcanhete, Pernès et Torres-Novas où fut installé le quartier général du prince d'Essling.

Le VIe corps, qui était en réserve, avait commencé son mouvement le 8 novembre. Deux divisions et le quartier général vinrent à Thomar; la 3e (général Loison) occupa Golgao.

Le pont de Punhete était gardé par un détachement et la ville était mise en état de défense.

La réserve de cavalerie (général Montbrun) se répandit dans les environs de Leyria et jusqu'à Pombal (2).

Wellington ne bougea pas (3). Il n'aurait eu du reste intérêt à inquiéter le mouvement des Français que si le duc de Dalmatie se fût porté vivement au secours de son collègue, car, bien qu'il ait écrit le contraire (4), il n'était

---

(1) On donnait même des fêtes somptueuses. (*Mémoires d'un Grenadier anglais*, p. 79).

(2) *Souvenirs* de Sprünling, p. 163.

(3) Il n'y eut qu'une alerte le 20 novembre.

(4) Wellington au comte de Liverpool, 12 novembre 1812.

pas certain de pouvoir résister aux efforts des deux maréchaux réunis.

Des raisons politiques commandaient également au général anglais de garder l'immobilité.

Le moindre insuccès aurait permis à l'opposition et au parti de la paix d'exiger le rappel de l'armée anglaise, malgré les efforts de lord Wellesley (1) alors ministre. Les secours en argent étaient (2) rares et l'armée vivait comme elle pouvait. Comment le ministère Perceval eût-il pu faire face aux complications qu'eût amenées un échec ?

Wellington fut donc sage en ne se laissant pas tenter (3) et en abandonnant aux privations inouïes dont souffrait l'armée française le soin de l'obliger à abandonner la partie et à repasser en Espagne

Masséna ne fut donc pas attaqué parce que Wellington estimait « qu'il était avantageux que les Français restassent où ils étaient. Leur nombre diminuait tous les jours ; tout le nord de l'Espagne restait ouvert aux opérations des guerillas.

» Il ne voulait pas s'exposer à perdre son armée et à être rappelé (4) ».

Jamais armée ne s'était trouvée dans un dénûment pareil à celui de l'armée française. La plaine qu'elle occupait avait été d'un « grand secours pour les hommes et pour les chevaux » parce que la récolte du maïs n'avait pas été enlevée par les Anglais (5) ; mais ces ressources avaient été vite épuisées. Il fallut organiser dans chaque régiment des corvées armées allant jusqu'à deux et trois

---

(1) Frère de Wellington.

(2) La dette publique grandissait et la misère était à son comble.

(3) Il hésita beaucoup (correspondance de Wellington avec lord Liverpool, 3 novembre - 21 décembre 1810).

(4) *Histoire du duc de Wellington*, Brialmont, t. I, p. 356.

(5) *Souvenirs* de Sprünling, p. 165.

jours de marche pour trouver les subsistances des camarades. Il y eut des excès inouïs, corollaire inévitable d'une semblable existence.

Qui ne connaît la sinistre aventure du maréchal Chaudron (1) ?

Les soldats de toute autre nation, a dit Wellington, n'auraient pu supporter pareille misère.

« Il est certainement étonnant, dit le général anglais, que l'ennemi ait pu rester si longtemps dans ce pays, et c'est un exemple extraordinaire de ce que peut faire une armée française. Avec tout notre argent et les bonnes dispositions du pays, je vous assure que je ne pourrais pas entretenir une seule division dans l'endroit où les Français ont entretenu jusqu'à 60.000 hommes et 20.000 animaux pendant plus de six mois. (2) »

A la fin de décembre, aucun renfort n'était encore signalé. Vers le milieu de novembre, le général Gardanne, sur les instances du général Foy, était bien arrivé en vue de Punhete avec 2.000 hommes ; mais prenant un détachement français pour une troupe portugaise il s'était empressé de se retirer dans le plus grand désordre (3).

L'inquiétude commençait à gagner tous les cœurs lorsque le bruit se répandit, le 27 décembre, que le IXe corps était à Espinhal avec la division Conroux (6.000 hommes). La division Claparède, plus en arrière, faisait la guerre pour son propre compte (4).

Le comte d'Erlon eut une entrevue avec le prince d'Essling qui lui donna l'ordre de s'établir à Leyria ; mais, se retranchant derrière les instructions qu'il avait reçues, celui-ci ne voulut obéir qu'à la condition qu'il pourrait re-

---

(1) *Mémoires* de Marbot, t. II, p. 419.
(2) Napoléon au comte de Liverpool, 21 décembre 1810.
(3) *Mémoires* de Thiébault, t. IV, p. 428.
Souvenirs de Sprünling, p. 165.
(4) *Mémoires* de Thiébault, t. IV, p. 423.

partir pour l'Espagne dès que l'armée serait établie sur les deux rives du Tage.

Pourquoi cette condition extraordinaire ?

Le commandant du IXe corps, sur lequel Masséna était en droit de compter, était-il indépendant? L'eût-il été, était-il de son devoir de donner son concours à condition ?

Ainsi, au moment le plus critique de cette campagne, après les scènes violentes qui avaient eu lieu entre le commandant en chef et les commandants des VIe et IIe corps à Busaco, à Coïmbre, un nouveau commandant de corps d'armée (1), sans se révolter contre le prince d'Essling, émettait des prétentions, refusait de l'aider !

Quelles étaient donc les instructions données par l'Empereur au comte d'Erlon ?

La correspondance de l'Empereur est là pour nous prouver que le IXe corps ne pouvait et ne devait manœuvrer qu'en vue d'aider le commandant de l'armée du Portugal.

Le 29 juillet 1810, Berthier avait écrit à Masséna :

« Sa Majesté vous laisse libre de livrer bataille aux Anglais, si vous le jugez convenable.

» Le général Drouet sera à Valladolid le 1er septembre;... ce qui joint à la division Séras et aux troupes de la division Bonnet fera un corps capable de contenir la Galice et de s'en emparer aussitôt que vous aurez marché sur Lisbonne, ou de maintenir vos communications. »

L'organisation du IXe corps était devenue définitive.

Le 18 septembre 1810, Napoléon ordonnait à Berthier d'adresser des reproches à Kellermann et à Drouet au sujet de la dissémination de leurs troupes et du peu d'appui qu'ils prêtaient à l'armée du Portugal.

Le 28 septembre, l'Empereur écrivait à Berthier qu'il

---

(1) Drouet, comte d'Erlon, était un homme fort doux. (*Mémoires* de Marbot, *Mémoires* de Thiébault.)

était important de diriger le IXe corps « sur les derrières de Masséna ».

Le 3 novembre, il écrivait au major général une lettre du plus haut intérêt. Il était inquiet et il devenait urgent, disait-il, de donner à Drouet l'ordre de se porter sur Almeida « afin de pouvoir être utile au prince d'Essling et de communiquer avec lui. Il est très important qu'on puisse correspondre avec l'armée du Portugal pour que, pendant tout le temps que les Anglais ne seront pas rembarqués, on puisse assurer les derrières.

« Mon intention n'est pas, ajoutait-il, que le IXe corps s'engage dans le Portugal, à moins que les Anglais ne tiennent encore, et même dans ce cas le IXe corps ne doit jamais se laisser couper d'Almeida ; mais il doit manœuvrer entre Almeida et Coïmbre.

» Faites comprendre au général Drouet qu'il me tarde d'avoir des nouvelles du Portugal, que cela est important sous tous les points de vue ; et qu'il faut que les communications soient rétablies de manière à avoir des nouvelles sinon tous les jours, du moins tous les huit jours ».

Le 9 novembre, mêmes instructions :

« Il faut absolument avoir des nouvelles de l'armée du Portugal et lui être de quelque secours (1). »

Qui ne veut voir que la lettre approuvera la conduite du comte d'Erlon ; mais ce dernier devait se dire que l'Empereur était loin et que la situation exigeait d'appuyer sans réserve l'armée du Portugal. Il ne désobéissait pas en agissant ainsi aux instructions qu'il avait reçues ; il ne faisait que se conformer à leur esprit, car il n'était pas nécessaire d'avoir tout un corps d'armée pour communiquer avec Almeida.

---

(1) Napoléon aurait désiré que Masséna, pour assurer ses communications, laissât quelque cavalerie (régiments provisoires) entre l'armée et Ciudad-Rodrigo.

Le comte d'Erlon apportait à Masséna des instructions datées du 4 décembre et données après l'arrivée du général Foy à Paris (1). Il y était dit que le duc de Dalmatie marcherait sur le Tage avec tout le Ve corps et qu'en attendant il fallait se fortifier sur le Zezère après avoir pris Abrantès.

Dès le 29 septembre, l'Empereur avait prescrit à Berthier de donner l'ordre au duc de Dalmatie « de s'appuyer avec le Ve corps à l'armée du Portugal. Ce V^{e} corps sera sur les talons de La Romana ».

Mais le marquis de La Romana n'avait pas été inquiété. Il avait rejoint Wellington à Lisbonne. Quelque temps après il y mourait et Mendizabal le remplaçait à la tête des Espagnols.

Pour le maréchal Soult l'Andalousie était tout.

Le 14 novembre 1810, Napoléon écrivait au major général : « Témoignez au duc de Dalmatie tout mon mécontentement du peu d'énergie qu'il met dans ses opérations ; de ce que le Ve corps, au lieu de suivre La Romana qui a fait à ce qu'il paraît, un mouvement sur Lisbonne,... s'est replié sur Séville. »

Le 22 novembre, l'Empereur exprimait de nouveau son mécontentement au sujet de la lenteur des opérations du maréchal Soult.

Mais ce dernier ne faisait qu'agir comme tous les gouverneurs créés par l'Empereur. Ceux des provinces du Nord connaissaient les besoins de l'armée du Portugal et cependant ils gardaient précieusement les forces et les ressources dont ils disposaient. Et cet égoïsme se comprend quand on songe aux privations endurées, aux nécessités du service, à l'obligation de guerroyer chaque jour contre les guérillas, à la peur qu'on avait des reproches du maître.

---

(1) En traversant la Castille, le général Foy avait pressé de tout son pouvoir la marche des éléments du IXe corps sur Valladolid.

Une volonté ferme eût fait converger tous les efforts vers le but principal, la destruction des Anglais. Mais l'Empereur était loin et le roi n'avait aucune autorité ! Comment Napoléon pouvait-il compter pouvoir de loin diriger et coordonner les opérations de plusieurs chefs indépendants, jaloux les uns des autres, par sa faute ?

Il était obligé de leur écrire : « C'est à Santarem que se décide le sort de l'Empire. »

C'était insuffisant. Il aurait dû leur donner des ordres formels ou leur en faire donner par un chef pénétré de la mission à accomplir et ayant la responsabilité de l'exécution.

Il faut rendre cette justice au roi Joseph qu'il ne cacha pas à son frère la vérité sur l'anarchie régnant dans l'armée (1).

Napoléon n'ignorait donc pas ce qui se passait.

Il savait également que les gouverneurs et leurs agents n'avaient pas une conduite exemplaire; que les finances étaient dilapidées et l'anarchie à son comble (1).

Néanmoins il persistait à ne pas vouloir prendre la seule mesure efficace pour faire cesser le mal, celle de venir se mettre à la tête de l'armée ou de désigner un généralissime responsable.

Il semblait, du reste, se désintéresser de cette guerre qui épuisait ses meilleures ressources. Il était resté à Paris, s'occupant de son divorce, de son nouveau mariage, de son futur héritier et de querelles religieuses, dédaignant cette guerre de chicanes et n'attribuant qu'une importance secondaire à la présence des Anglais dans la Péninsule.

N'était-il pas sage et prudent d'en finir le plus vite possible avec ce « chancre rongeur », afin de pouvoir disposer des 300.000 soldats jetés dans cette fournaise ?

En attendant, les ressources de l'armée du Portugal fai-

---

(1) Lettre à Berthier, 17 septembre 1810.

blissaient. L'infanterie n'avait plus qu'un approvisionnement de 50 cartouches par homme et aucun secours n'arrivait. La misère était épouvantable, malgré la maraude organisée.

Sur ces entrefaites le général Foy rejoignit l'armée (5 février 1811) avec 1.860 hommes et 110 chevaux, après avoir accompli un voyage des plus dangereux et trouvé les derrières de l'armée en désordre (1).

Il avait sollicité le maréchal Soult (lettres du 24 janvier de Ciudad-Rodrigo et d'Almeida 27 janvier), alors vers Badajoz, d'accourir au secours de l'armée du Portugal : « Il vous appartient, Monsieur le Maréchal, d'être à la fois le sauveur d'une grande armée et le principal instrument des conceptions de notre glorieux souverain (2). »

La résistance touchait à sa fin, les maraudeurs ne « rapportant plus rien ». Depuis un mois ni officiers ni soldats n'avaient mangé du pain. Il ne fallait pas compter sur des renforts venus de France et le concours du Ve corps était plus que problématique, malgré les ordres répétés de l'Empereur (4).

Le 3 février, des ordres secrets avaient été donnés pour la retraite. L'arrivée du général Foy rendit un peu d'espoir au général en chef et il fut convenu qu'on attendrait encore. Une tentative de passage fut alors tentée en face des troupes de Beresford (5); mais elle ne réussit pas et Masséna résolut de remettre l'opération jusqu'à l'arrivée du Ve corps.

Le duc de Dalmatie, malgré les nombreux ordres reçus,

(1) Lettre de Foy à Kellermann, 29 janvier 1811 : « Les hôpitaux sont des charniers. »

(2) *Mémoires* de Thiébault, t. IV., p. 465.

(3) *Souvenirs* de Sprünling, p. 169.

(4) « Je viens de donner l'ordre déjà réitéré plusieurs fois au maréchal Soult d'envoyer le Ve corps sur le Tage entre Montolveo et Villaflor pour faire sa jonction avec vous (Berthier à Masséna, 4 décembre 1810).

(5) Successeur de Hill alors malade.

ne quitta les environs de Cadix que le 21 décembre 1810 avec 16.000 fantassins, 4.000 cavaliers et 50 pièces.

Le 22 janvier, Olivença capitulait.

Le 10 février, l'armée de Mendizabal (1) était battue sur la Gebora et dispersée.

Le maréchal commença alors le siège de Badajoz comme si les conditions eussent été normales. Une attaque brusquée eût probablement réussi avant le 1er mars, après la déroute des Espagnols. Dans tous les cas la place pouvait être masquée et on ne peut alléguer que l'armée avait besoin d'assurer ses derrières (2).

Le 11 mars, le gouverneur don José de Jucar, bien qu'informé de l'arrivée d'une armée de secours (Beresford), se rendit au duc de Dalmatie.

Mais le siège de cette forteresse avait arrêté trop longtemps le Ve corps. L'obstination du maréchal Soult à ne pas vouloir obéir aux ordres du major général fut une des causes de l'insuccès de l'armée du Portugal.

Il n'était certainement pas sincère quand il écrivait à Berthier (3) le 22 janvier :

« Il me paraît que dans l'état actuel des choses je remplirai mieux les intentions de Sa Majesté et je serai utile à l'armée du Portugal en prenant Olivenza, Badajoz et Campo-Mayor, d'où probablement je pourrai communiquer avec le prince d'Essling ; si les ennemis veulent m'en empêcher, ils seront obligés de faire un gros détachement qui donnera la supériorité au prince et lui laissera l'avantage des opérations. »

Le maréchal supposait donc Wellington bien naïf ! Mais l'arrière-pensée qui domine son esprit apparaît clairement

(1) Successeur du marquis de La Romana.
Cette armée perdit. 7 canons et 5.200 prisonniers.

(2) Dans la guerre d'Espagne, une armée aurait eu besoin d'une autre armée pour assurer ses derrières.

(3) Soult à Berthier, Olivenza, 22 janvier 1811.

dans les lignes qui suivent, continuation de la lettre précédente :

« Jusque-là il ne peut rien arriver de fâcheux à l'armée du Portugal, d'autant plus qu'elle est dans une bonne position où elle est appuyée et qu'elle est retranchée. Elle tiendra certainement les ennemis en échec assez de temps pour laisser avancer les opérations dans cette partie et me mettre à même de lui faciliter de nouveaux succès ! »

Le 25 janvier, il insistait encore en écrivant qu'envoyer le Ve corps sur le Tage serait l'exposer à l'enveloppement et que cette diversion (1) ne serait pas utile à Masséna !

Ces lettres à Berthier mettent à nu le caractère et l'esprit du duc de Dalmatie : « Il est d'un caractère dur et surtout égoïste, nous dit le comte de Saint-Chamans dans ses *Mémoires*, et sous un extérieur grossier il sait cacher beaucoup de perspicacité et de finesse dans les affaires (2). »

Le 18 février 1811, après une discussion très vive avec ses principaux lieutenants (à Galgao, où était le quartier général de Loison), il avait été convenu qu'on attendrait encore, mais que l'armée devait commencer à battre en retraite dans les premiers jours de mars. « Beaucoup de soldats, écrivait le maréchal, ont des chaussures faites avec des peaux fraîches ; la paille est entièrement consommée et les chevaux sont mis au vert depuis plus d'un mois (3). »

Quelques auteurs ont prétendu que Masséna aurait pu rester plus longtemps à Santarem. S'il partit, affirment-ils, c'est qu'il ne voulait pas avoir l'air de réclamer l'assistance d'un rival (4).

---

(1) Ce n'était pas une diversion que voulait l'Empereur ; c'était la coopération de l'armée du Midi et du Ve corps qu'il désirait.

(2) Saint-Chamans était l'aide de camp du maréchal en 1811. Il connaissait bien son chef.

Mémoires du général comte de Saint-Chamans, p. 35 et 203.

(3) Masséna à Berthier, 6 mars 1811.

(4) Brialmont, *Histoire de Wellington*.

Pareille affirmation ne se discute pas.

La gloire du prince d'Essling n'avait rien à redouter du concours du duc de Dalmatie, son ancien subordonné en Suisse et en Italie.

Les vivres manquaient absolument, la discipline était près de disparaître, les maladies faisaient de nombreuses victimes et le canon de Soult ne se faisait pas entendre. Voilà les raisons véritables de la retraite sur Coïmbre avec l'intention d'établir l'armée au nord du Mondego et d'y attendre des circonstances favorables, soit l'intervention de l'armée du Midi, soit l'appui de l'armée du Nord que Napoléon avait renforcée (divisions Reille et Cafarelli).

Cette retraite offrait de sérieuses difficultés, car il fallait opérer un changement de front, l'aile gauche en arrière; devant (1), un ennemi supérieur (2) en nombre qui, manœuvrant par sa gauche, pouvait devancer l'armée à Leyria.

Le prince d'Essling manœuvra avec habileté.

Pendant que des simulacres de passage avaient lieu près de Punhete et que l'ennemi les surveillait, les malades et les bagages gagnèrent deux marches; puis le IIe corps se replia vivement le 5 mars, à 8 heures du soir, de Santarem sur Espinhal par Thomar et le VIIIe d'Alcanhède sur Pernès et de là sur Ourem et Pombal. Le VIe corps, concentré à Leyria, avait pour mission de former l'arrière-garde,

Le 7 mars, après une marche ininterrompue de trente-six heures, l'armée était ainsi établie :

IIe corps, Thomar et Espinhal;

VIIIe corps, Ourem, se dirigeant sur Leyria et Pombal;

VIe et IXe corps et réserve de cavalerie, Leyria.

La division Loison avait assuré à Punhete la des-

---

(1) Le quartier général de Wellington était à Cartaxo.

(2) L'armée du Portugal n'avait plus que 30.000 fantassins présents.

truction de l'équipage de pont et avait rejoint ensuite le duc d'Elchingen.

Ce même jour, le général Foy quittait l'armée pour la deuxième fois et allait à Paris rendre compte des opérations exécutées. Le 28 mars, il voyait l'Empereur qui approuvait le projet du maréchal de s'établir à Coïmbre. Le IXe corps devait recevoir l'ordre d'obéir entièrement au maréchal. Mais les événements s'étaient précipités.

Ce ne fut que le 6 mars, à midi, que Wellington constata la retraite du IIe corps et que ses troupes entrèrent à Santarem.

Le 8 mars, il était encore indécis et ne disposait à Thomar que de trois divisions d'infanterie et de deux brigades de cavalerie.

A la fin de cette journée seulement il donna des ordres pour la poursuite, appela deux divisions de Torres-Vedras et détacha des troupes (Beresford) sur Badajoz dont le siège touchait à sa fin (11 mars 1811).

Les 9 et 10 mars, le VIIIe corps prit une certaine avance sur la route de Pombal afin de soutenir avec la division Conroux (IXe corps) la cavalerie de Montbrun chargée de passer le Mondego et d'occuper Coïmbre.

Le 10, le IIe corps était en entier à Espinhal; la division Claparède (IXe corps) occupait Celerico et Guarda (1).

Le VIe corps à l'arrière-garde se retirait lentement devant les Anglais afin de donner aux convois et autres corps le temps d'atteindre la vallée du Mondego. Le 11, eut lieu le premier engagement d'arrière-garde à Pombal.

Les commandants des VIe et IXe corps opposaient au commandant en chef une mauvaise volonté qui pouvait compromettre le salut de l'armée. Le duc d'Elchingen, ne voulant pas admettre qu'en s'établissant sur le Mondego l'armée pût bloquer Wellington, aurait voulu que le mou-

---

(1) Cette division, qui pendant le mois de janvier avait tenu en respect le colonel Trent, eût été mieux à Coïmbre.

vement rétrograde fût dirigé franchement sur Almeida. Le comte d'Erlon, ne songeant qu'à sauver sa première division d'un désastre possible, voulait s'éloigner de l'armée du Portugal ou tout au moins ne pas se risquer dans un engagement dont l'issue pouvait le compromettre.

Masséna avait la force d'âme qui fait les grands généraux. Les observations et les récriminations ne l'émurent pas et il persista dans ses projets.

Wellington, sentant que l'armée française lui échappait, voulait obliger le prince d'Essling à évacuer le Portugal et à repasser en Castille. Avec toute sa masse il était au contact du VIe corps, tandis qu'une faible colonne (une brigade et quelques escadrons) observait la route d'Espinhal que suivait le IIe corps.

D'après les ordres donnés pour le 11, Montbrun, soutenu par une division du VIIIe, devait atteindre le Mondego; la division Loison (du VIe corps), occuper les environs de Redinha et le IXe corps Redinha même.

C'est en ce moment très critique, car la marche était très lente en raison des convois poussés vers le nord, que le comte d'Erlon annonça qu'il partait pour Viseu (1).

Le VIe corps était seul à Pombal le 9 mars au matin, quand à 8 heures parut l'armée anglaise (2).

La résistance de Ney fut pour ainsi dire nulle; il se

---

(1) Il partit le 10, à minuit.

(2) Wellington retint les troupes qui devaient marcher sur Badajoz jusqu'au 13 mars (lettre au comte de Liverpool, 14 mars 1811).

L'armée anglo-portugaise qui suivit Masséna était forte de 40.000 hommes environ :

Division Spencer, en partie;
Division Picton;
Division Cole;
Division Campbell;
Division Jégère:
Brigade Pack;
Cavalerie Cotton;
Troupes portugaises.

contenta de mettre le feu à la ville qu'il fallait traverser pour gagner le défilé de Condeixa.

En cette circonstance le duc d'Elchingen agit sagement. Le 12 mars, il allait tenir tête à toute l'armée anglaise d'une toute autre façon.

Le combat de Redinha est, en effet, « du nombre de ceux où les chefs se montrent plus grands que leur réputation (1) ».

Le maréchal Ney, afin de donner aux convois le temps de s'écouler, avait l'ordre de retarder la marche de Wellington. La division Mermet était sur la rive gauche de l'Adanços et la division Marchand sur l'autre rive, le VIIIe corps couvrant la droite et se prolongeant le long du ruisseau.

De l'exécution des ordres qu'avait reçus le duc d'Elchingen dépendait le salut de l'armée, car le passage du Mondego devait exiger du temps.

L'avant-garde anglaise hésita, mais Wellington ordonna le déploiement de toute son armée (12 mars). La retraite de la division Mermet se fit comme sur la place d'exercices, par échelons de bataillon, par le pont de Redinha et par des gués reconnus à l'avance, chaque bataillon se reformant au pas de course.

La division Marchand, placée avec l'artillerie sur l'autre rive de l'Adanços, appuya cette manœuvre et par ses feux arrêta net les divisions anglaises qui essayaient de descendre dans la vallée.

Wellington avait perdu une journée.

« Tout est remarquable dans cette retraite (2). »

En effet, dans la rupture du combat et lors de l'ouverture du feu des réserves tout se passa avec méthode et précision.

On ne saurait trop méditer cet exemple.

---

(1) Général Pierron, *Cours de stratégie* (École supérieure de guerre).

(2) Général Maillard.

Après ce brillant fait d'armes, le duc d'Elchingen qui avait bivouaqué à Fonte Cuberta partit à 2 heures du matin et put rejoindre Masséna à Condeixa sans être entamé.

Le commandant de l'armée du Portugal venait d'être informé par Montbrun qu'une forte garnison portugaise tenait Coïmbre dont les maisons étaient crénelées, que deux arches du pont sur le Mondego étaient détruites et qu'il fallait trente-six heures pour rétablir le passage.

Par précaution et en vue d'une retraite sur l'Alva, le IIe corps, qui avait pris de l'avance, reçut l'ordre de réparer les ponts de Ponte-Murcelho et de Miranda-de-Corvo. En outre, dans la nuit du 12, tous les blessés et bagages furent dirigés sur Miranda. C'était une mesure judicieuse, car si le VIe corps ne pouvait maintenir l'ennemi pendant deux jours à Condeixa, afin de permettre l'établissement de ponts sur le Mondego, la retraite sur l'Alva s'imposait.

Cette éventualité se produisit. Le duc d'Elchingen, menacé sur sa gauche par la division Picton qui avait pris un sentier dans la montagne, se retira le 13 à 2 heures de l'après-midi.

Coïmbre étant fortement occupée, la cavalerie anglaise maîtresse de Soure et le VIe corps étant fortement menacé sur sa gauche, Masséna donna l'ordre de se diriger sur la Deuca.

« Les moments étaient précieux, » (1) car il s'agissait d'éxécuter une marche de flanc à proximité de l'ennemi pour atteindre Miranda.

Le commandant du VIe corps a été vertement blâmé par le général Kock (2) qui affirme que le IIe corps avait l'ordre de tenir en respect la division Picton et que le VIe corps n'avait pas à se retirer précipitamment.

Il y a beaucoup d'exagération dans ces reproches.

---

(1) *Souvenirs* de Sprünling, p. 176.
(2) Le général Kock a publié les *Mémoires* de Masséna.

Cependant il est établi que la résistance du VIe corps fut à peu près insignifiante. Montbrun se trouva coupé de l'armée qu'il rejoignit en faisant un long détour et le prince d'Essling fut sur le point d'être enlevé par un piquet de cavalerie anglaise (1).

Le 14 mars, le IIe corps quitta Espinhal pour San-Miquel-de-Pojarès, le VIIIe se dirigea sur Miranda, le IXe sur Ponte-Murcelho et le VIe fit tête aux Anglais en battant en retraite par échelons. Le duc d'Elchingen, pour rendre ses troupes plus mobiles, fit brûler toutes les voitures inutiles, jusqu'à sa propre calèche et tous les conducteurs rentrèrent dans le rang.

L'armée put gagner Miranda, suivie de près par Wellington ; mais il fallait en repartir au plus vite.

Le 15, à 1 heure du matin, par une nuit très obscure, les colonnes se mirent en marche pour traverser la ville de Miranda et le défilé plus en arrière. Dans la matinée l'armée atteignit Foz-de-Arunce, traversa la Ceyra et s'établit sur la rive droite : le VIe corps sur la route même, le VIIIe corps à droite, le IIe à gauche, la cavalerie en arrière. Malheureusement le duc d'Elchingen laissa sur l'autre rive les divisions Ferrey et Mermet, ainsi que la brigade légère Lamotte (2).

A la chute du jour toute l'armée anglaise attaqua ces divisions qui se gardaient assez mal. Dans l'obscurité il y eut des méprises fâcheuses qui amenèrent un pêle-mêle indescriptible (3). Le maréchal Ney parvint cependant à rallier les fuyards et par une contre-attaque énergique à repousser les Anglais.

Dans la nuit suivante toute l'armée française atteignit Ponte-Murcelho sur l'Alva, à l'exception du VIe corps qui

---

(1) *Mémoires* de Marbot, t. II, p. 433 et 434. Marbot conte tout au long cette affaire.

(2) *Ibid.* t. II, p. 441.

(3) *Ibid.* t. II, p. 442 et 443.

était resté sur la rive droite de la Ceira afin de venger à l'occasion son échec de la veille. Son chef fit ensuite sauter le pont de Foz-de-Arunce et rejoignit l'armée sur l'Alva.

Le 17, il fallut se remettre en route, car Wellington s'était emparé du Pont-de-Pombeiro, tournant ainsi la gauche du prince d'Essling qui se décida à gagner Celerico.

Il faut avouer que les Anglais ne se montrèrent pas très entreprenants pendant ces trois dernières journées. Leurs soldats étaient harassés et les vivres manquaient (1).

Cette question des vivres, toujours si importante pour l'armée britannique, fut une des causes qui ralentirent leurs colonnes. Ils se souvenaient aussi de Redinha où 6.000 hommes les avaient arrêtés.

Le 16, ils s'arrêtaient sur l'Alva qu'ils ne pouvaient dépasser.

Déjà, à Pombal, Wellington avait dû laisser les troupes portugaises épuisées de faim et de fatigue. En arrivant sur l'Alva il n'avait plus que 25.000 hommes !

L'armée française était donc libre soit de rester vers Celerico, soit de se retirer sur Almeida, soit enfin de se porter sur le Tage pour donner la main à l'armée du Midi et menacer l'armée anglaise d'une nouvelle campagne.

Cette dernière décision était seule digne du caractère du prince d'Essling. L'évacuation complète du Portugal portait atteinte au prestige des armes françaises et d'autre part Masséna ne pouvait ignorer que le ministère anglais était opposé à cette guerre ruineuse et qu'au Parlement on parlait de rappeler Wellington (2).

Aussi le commandant de l'armée du Portugal ne voulait-il à aucun prix quitter le Portugal.

---

(1) Lettre de Wellington au comte de Liverpool, 16 mars 1811.

(2) Le budget annuel de l'Angleterre était de 100 millions de livres sterling (2 milliards 500.000 francs) !

Cependant il dut céder aux instances de ses lieutenants qui, ne se contentant pas de critiquer ses ordres et ses instructions, lui désobéissaient ouvertement.

Le général Reynier (IIe corps) s'était dispersé pour vivre plus commodément. Quant au duc d'Elchingen, il était formellement opposé à l'intention du général en chef : marcher sur Alcántara et Abrantès.

L'armée avait atteint, le 22 mars, la contrée montagneuse de Guarda. C'est alors que le commandant du VIe corps eut connaissance de la résolution du maréchal, résolution qui l'éloignait d'Almeida où il espérait se ravitailler. Il entra dans une violente colère et déclara qu'il n'obéirait pas. Masséna dut le relever de son commandement avec éclat et le remplacer par Loison, le plus ancien divisionnaire du VIe corps.

La désobéissance du duc d'Elchingen (1) augmenta les difficultés au milieu desquelles se débattait le commandant en chef. L'indiscipline était à son comble, fruit de la maraude érigée en principe et des privations supportées depuis plus de six mois. Chefs et soldats étaient exaspérés et le maréchal Ney n'avait fait qu'exprimer le vœu de tous en écrivant : « Dussé-je être destitué ou y perdre ma tête, je ne suivrai pas le mouvement dont Votre Excellence me parle (2) ! »

La pensée du prince d'Essling était allée au-devant des désirs de l'Empereur. Le 30 mars, ne connaissant pas la situation de l'armée du Portugal qu'il supposait être à Coïmbre, ce dernier écrivait en effet à Berthier :

« Le prince d'Essling tiendra à Coïmbre, menaçant Lisbonne qui sera attaquée par 70.000 de l'armée du Portu-

---

(1) Le maréchal Ney déclarait que la marche de flanc projetée sur Coria était « une chose inconcevable, propre à entraîner la ruine entière des affaires d'Espagne ».

(2) Lettre du 22 mars.

gal (?) et par les troupes qu'il sera possible de tirer de l'Andalousie, suivant les circonstances, pour opérer sur Badajoz et le Tage (1). »

L'Empereur avait toujours désiré la coopération des armées du Midi et du Portugal. En se portant vers le Tage, Masséna se conformait donc à l'esprit des instructions venues de Paris (2).

Le 24 mars, l'armée du Portugal comprenait encore 34.160 fantassins et 3.400 cavaliers (3).

Les corps qui la composaient étaient ainsi placés :

IIe corps (Reynier) :

Avant-garde, à Belmonte ;
Division Merle, à Sorthela ;
Division Heudelet, à Pouzofales.

VIIIe corps (Junot) :

Autour de Belmonte.

VIe corps (Loison) :

Division Marchand, à Guarda ;
Division Mermet, à Peza-de-Mora ;
Division Ferrey, à Peza-de-Mora ;
Arrière-garde, à Freixedas ;
Réserve de cavalerie, Pinzio.

Le mouvement vers le sud était amorcé.

Le 25 mars, Masséna reçut du major général un avis l'informant que le IXe corps était à son entière disposition.

---

(1) Cette lettre, du 30 mars 1811, est postérieure au mouvement agressif de Wellington.

(2) Ces instructions devaient être adressées à Soult et à Masséna.

(3) L'artillerie ne comprenait plus que six pièces par corps d'armée. L'armée avait perdu 10.000 hommes en Portugal.

Il était temps, car le comte d'Erlon s'était retiré de son plein gré sur Alfayatès. Ce même jour le commandant en chef recevait des renseignements peu rassurants sur l'état des approvisionnements des places d'Alameida et de Ciudad-Rodrigo, ainsi que sur les ressources qu'il pourrait trouver dans la vallée du Tage vers Alcantara. En même temps il apprenait l'arrivée de Wellington à Celerico.

Il n'était plus possible de marcher sur Coria sans avoir livré au préalable une bataille décisive dans les conditions les plus défavorables (1).

Masséna (2) prit donc le parti le plus sage, celui de se retirer en Castille en évitant les places qui pouvaient à peine se suffire.

Le 29 mars, l'arrière-garde (VIe corps) parvint à se dégager. Le 3 avril, après un combat à Sabugal (IXe corps), l'armée vint se concentrer sous les murs de Ciudad-Rodrigo.

Le 9 avril, l'armée française quittait définitivement le Portugal, que son chef avait évacué à regret et se retirait sur Salamanque, abandonnant ainsi Alameida qui fut aussitôt investie par les Anglais tandis qu'un corps d'observation s'établissait sur la Coa.

Le 20 avril, Wellington donnait le commandement à Spencer et partait pour Badajoz où de sérieuses difficultés arrêtaient Beresford aux prises avec l'armée du Midi.

Il pouvait être fier de son succès. Le Portugal était délivré pour longtemps et tout annonçait que l'Espagne pourrait l'être un jour.

L'échec de Masséna fit grand bruit en Europe. L'Angleterre l'annonça à grand fracas en faisant répandre ses journaux et ses libelles, en disant à tous les

---

(1) Les approvisionnements en vivres et en munitions étaient insuffisants. Le découragement était général.

(2) Marbot accuse Masséna d'avoir perdu quelques jours à Guarda. (*Mémoires* de Marbot, t. II, p. 448.)

peuples : « Que l'on voie dans la libération déjà effectuée du Portugal la libération prochaine de l'Espagne et la délivrance future de l'Europe (1) ! »

Le prince d'Essling ne désespérait cependant pas du succès final.

Dès qu'il apprit le départ de Wellington pour Badajoz, il songea à reprendre l'offensive et à ravitailler la place d'Almeida; mais il ne fut pas aidé dans cette entreprise par le duc d'Istrie à qui Napoléon venait de confier le commandement supérieur dans le nord de l'Espagne (2).

Malgré ses pressantes sollicitations, Masséna ne put obtenir que la brigade de cavalerie légère Wattier (800 hommes), un détachement de cavalerie de la garde (700 hommes), une batterie de six pièces et trente attelages. Chacun pour soi, telle était la devise des lieutenants de l'Empereur ! Encore ce secours ne rejoignit-il l'armée que le 2 mai, quelques jours après la date fixée pour l'exécution du mouvement.

C'était « une gasconnade (3) » !

Parlant du gouvernement du duc d'Istrie (4), l'Empereur disait que c'était celui où il y avait le plus d'exactions. On y vendait tout, les troupeaux, les prisonniers, etc.

Le 19 mai 1811, mis au courant de ce qui s'était passé, Berthier, au nom de l'Empereur, blâma vertement le duc d'Istrie.

Ce simple blâme était-il suffisant (5) ?

« Vous avez commis une faute énorme, disait-il, en n'envoyant pas à Masséna une dizaine de mille hommes;

---

(1) Brochure publiée à Londres en 1811.

(2) Bessières avait l'autorité suprême sur les 3e, 4e, 5e, 6e et 7e gouvernements. Il disposait des divisions Seras et Bonnet, de la Garde et de plusieurs régiments de cavalerie. Il résidait à Valladolid.

(3) *Mémoires* de Thiébault, t. IV, p. 478.

(4) Il fut plus tard remplacé par Dorsenne qui prit le commandement de l'armée du Nord.

(5) L'Empereur pardonnait toujours à ses généraux.

Sa Majesté aurait vu dans cette disposition une nouvelle preuve de votre attachement à sa personne et de la haine que vous portez aux Anglais. »

Il aurait simplement fait son devoir, non en lui envoyant 10.000 hommes qu'il n'avait pas sous la main, mais en faisant marcher la division Seras et en fournissant à son collègue des vivres et des munitions en quantité suffisante.

Cela, il pouvait le faire. Sa correspondance le démontre amplement. Il fit de belles promesses qu'il ne tint pas : il se joua du prince d'Essling parce que l'étoile de ce dernier pâlissait.

L'esprit de solidarité avait disparu dans l'armée impériale. De là des efforts partiels impuissants, incapables d'assurer la victoire malgré le courage déployé.

Que pouvait l'énergie du général en chef contre le mauvais vouloir ou l'apathie du comte d'Erlon et du général Loison ? Le second avait demandé à quitter l'armée et s'attendait à partir prochainement; le premier était sur le point de quitter la Castille pour l'Andalousie (1).

Ces deux commandants de corps étaient naturellement peu disposés à seconder les efforts du maréchal. « Ces généraux étaient devenus étrangers à l'armée. Loison savait qu'il était remplacé par le maréchal Marmont; le IXe corps allait quitter l'armée pour passer le Tage et son général l'avait ménagé; Reynier espérait et demandait un commandement séparé; il ne fit ni le moindre mouvement d'attaque, ni même une diversion contre la gauche de l'ennemi; Junot retournait à Paris (2)... »

Wellington apprit, le 26 avril (3), le mouvement offensif de Masséna; le 28, il était de retour à Villa-Hermosa où se trouvait le quartier général.

(1) C'était l'ordre de Napoléon.

(2) Ecrit après la bataille de Fuentès-d'Onoro par le général Pelet qui fut le conseiller du maréchal au cours de cette campagne.

(3) Par une lettre du général Spencer.

Il est bien difficile, sinon impossible, de donner des renseignements précis sur les effectifs en présence. Cependant, en prenant une moyenne des chiffres donnés par divers auteurs consciencieux, on peut affirmer que l'armée anglo-portugaise comptait 38.000 hommes dont 11.000 Portugais et 1.200 cavaliers.

L'armée française était forte de 40.000 hommes environ (1), dont 4.500 cavaliers excellents.

Wellington ne pouvait penser son adversaire remis de ses fatigues; il ne connaissait pas le caractère de Masséna et il comptait bien que son armée serait de taille à arrêter l'élan de cette armée du Portugal qu'il croyait plus affaiblie qu'elle ne l'était en réalité. Il avait donc résolu de livrer bataille et il avait choisi le terrain à l'ouest du ruisseau de Dos Casas.

Son gros (4 divisions), autour de Fuentès-d'Onoro, barrait la route principale; à l'extrême droite un corps espagnol (2) (don Julian Sanchez) gardait Pozo-Velho et Nave-de-Avel; à gauche, deux divisions échelonnées reliaient l'armée au fort de la Conception et à Almeida où étaient un régiment anglais et la brigade Pack (Portugais).

Pour effectuer sa retraite, l'armée anglaise (3) ne disposait que d'un chemin carrossable, celui de Castello-Bonn qui traverse le Turones aux bords très escarpés. C'était un

(1) Situation officielle; mais, les malingres enlevés, l'armée ne comptait pas plus de 36.000 combattants.

(2) La division espagnole de don J. Sanchez était composée de bandes qui guerroyaient depuis un an autour de Salamanque.

(3) Situation de l'armée anglaise le 25 avril 1811, sur la Coa :

Cavalerie — 4 régiments........	1.525	hommes.
Infanterie — 41 bataillons.........	20.700	—
Artillerie........................	1.378	—
	23.603	—
Portugais........................	12.000	—
TOTAL........................	35.603	—

(Situation officielle.)

danger, mais on pouvait y parer en organisant certains points d'appui.

Le 2 mai, l'armée française commença son mouvement en avant.

Le 3, le maréchal fit attaquer vigoureusement le village de Fuentès-d'Onoro par la division Ferrey du VIe corps. Par deux fois les Français se portèrent à l'attaque; mais il leur fut impossible de s'emparer de la partie haute de cette localité.

Ce combat d'avant-garde (1) démontrait que les Anglais tenaient solidement ce point d'appui; d'autre part, au nord, l'enlèvement d'Alameida par le IIe corps avait été facile, mais des troupes anglaises, d'un effectif respectable, tenaient la rive gauche du ruisseau; enfin, vers le sud, le lit du Dos-Casas était moins profond, les pentes étaient plus douces et la surveillance de l'ennemi était moindre que partout ailleurs.

Une reconnaissance attentive exécutée par le commandant en chef dans la matinée du 4 mai lui donna la conviction que la position ne pouvait être abordée qu'au sud de Fuentès-d'Onoro et c'est alors qu'il conçut cette belle manœuvre qui, à elle seule, suffirait à le classer parmi les plus habiles généraux des temps modernes.

Cette manœuvre consistait à écraser l'aile droite anglaise et à rejeter toute l'armée de Wellington au nord de la route de Castello-Bonn.

Si elle réussissait, l'ennemi, pris en flanc et à revers, acculé aux falaises qui bordent les affluents du Douro, était certainement perdu.

Dans la nuit du 4, le maréchal porta une partie de ses forces (17.000 hommes) sur Pozo-Velho (cavalerie Montbrun,

(1) Le combat fut très opiniâtre des deux côtés. On a reproché à tort au maréchal de ne pas avoir de suite attaqué avec deux ou trois divisions. Il n'y aurait pas eu de manœuvre et comme à Busaco l'armée du Portugal aurait subi un échec.

deux divisions du VIe corps, une division du VIIIe) (1) avec mission de se rabattre sur la droite ennemie.

Le combat de front fut confié à une division du VIe corps, au IXe corps à Fuentès-d'Onoro et au IIe corps à Alameida.

Le 5, au point du jour, l'armée, pleine de confiance, était prête sur les emplacements désignés. Autant que les prévisions humaines pouvaient l'assurer, la victoire devait couronner cette manœuvre.

Malheureusement l'exécution fut mauvaise. Les troupes du VIe corps s'engagèrent trop tôt et il n'y eut pas dans l'effort toute la cohésion désirable (2). Cependant leur apparition subite sur l'aile droite de l'adversaire produisit un effet de surprise tel que la fortune sembla un moment faire pencher la balance en faveur du prince d'Essling. Ce fut sous le feu que Wellington dut manœuvrer pour renforcer sa droite écrasée par Montbrun (division Houston).

Si la cavalerie et l'artillerie de la Garde avaient donné, c'en était fait de l'armée anglaise; mais le général Lepic refusa d'entrer en ligne sans un ordre formel du duc d'Istrie qu'il fallut aller chercher très loin.

Sur le front, le combat fut mené avec beaucoup d'énergie à Fuentès-d'Onoro; mais le IIe corps, qui n'avait cependant devant lui que des forces inférieures, s'engagea mollement.

Vers cinq heures du soir, Wellington avait sa droite reformée; mais le VIe corps, le IXe, la division Solignac (VIIIe) et toute la cavalerie de Montbrun, sous l'impulsion énergique du vainqueur de Zürich, pouvaient encore infliger un échec grave aux Anglais obligés de passer le Turones dans des conditions désastreuses.

Malheureusement pour cette vaillante armée du Portugal,

(1) La division Clausel (VIIe corps) assurait les communications. La division Solignac, seule du VIIe corps, suivit le général Loison et servit de réserve, au début, au VIe corps.

(2) Il y eut des erreurs de direction au VIe corps.

les cartouches étaient sur le point de manquer. Masséna dut arrêter ses troupes.

Il espérait que les caissons seraient de retour dans la nuit et que la bataille pourrait recommencer le lendemain; mais le duc d'Istrie prétendit, bien triste raison en des circonstances si graves, que les attelages de la Garde étaient épuisés et il ne les mit en route pour Ciudad-Rodrigo que le 6 au matin.

La bataille restait indécise pour plusieurs raisons : la mollesse des IIe et IXe corps, le manque d'ensemble dans les attaques de Loison et de Montbrun, l'hésitation du commandant du VIe corps (1), le mauvais vouloir de Lepic et Bessières, enfin la résolution tardive du général en chef de diriger en personne la masse chargée de l'attaque décisive.

Le 6 mai, Masséna, dont les troupes avaient bivouaqué sur le champ de bataille, reconnut que l'armée anglaise s'était fortifiée dans la nuit depuis Fuentès-d'Onoro jusqu'à Villa-Formosa et occupait solidement le village de Frenada (7e division), sur la route de Castello-Bonn.

Malgré son désir de recommencer la lutte, le maréchal, menacé de n'avoir plus de munitions, influencé par l'état d'esprit des commandants de corps, résolut de se retirer sur Salamanque. Mais au préalable il fit porter par un soldat (2) au général Brenier l'ordre de faire sauter Alameida.

Dans la nuit du 10 au 11 mai, le commandant de cette place se fit jour à travers les lignes anglaises et rejoignit le IIe corps. Alameida n'avait plus de remparts.

Le même jour, le maréchal Masséna recevait à Ciudad-Rodrigo l'ordre de remettre le commandement de l'armée au maréchal Marmont.

---

(1) Ce ne fut qu'un cri dans l'armée : « Si Ney était là ! » (*Souvenirs* de Sprünling.)

(2) André Tillet, voltigeur, arriva seul à Alameida.

De l'avis de tous les officiers qui étaient à l'armée du Portugal, le prince d'Essling s'était mal posé au début des opérations. Sa manière de vivre n'était pas en effet de nature à lui conserver le prestige que lui avaient donné ses victoires passées. Il avait été malade et son énergie s'en ressentait. Mais il est juste d'avouer que rarement général en chef eut à vaincre autant de difficultés : opposition systématique de ses subordonnés, manque de ressources de toutes sortes, intempéries, etc.

Dans son exil, l'Empereur a jugé sévèrement les actes de son lieutenant : « Une campagne, a-t-il dit, qui a violé également les règles les plus importantes de l'art de la guerre, c'est celle du Portugal.

» L'armée anglo portugaise était de 80.000 hommes (?) dont 15.000 de milice qui étaient en observation à Coïmbre et s'appuyaient à Oporto. L'armée française, après avoir pris Ciudad-Rodrigo et Alameida, entra en Portugal forte de 72.000 hommes ; elle attaqua l'ennemi en position à Busaco ; les deux armées étaient d'égale force, mais les positions de Busaco étaient très fortes ; elle échoua et le lendemain tourna ces lignes en se portant sur Coïmbre. L'ennemi fit alors sa retraite sur Lisbonne en brûlant et dévastant le pays.

» Le général français le suivit l'épée dans les reins, ne laissant aucun corps d'observation pour contenir la division de 15.000 Portugais qui étaient à Oporto ; il abandonna tous ses derrières et Coïmbre sa place de dépôt, où il laissa 5.000 blessés ou malades. »

Voici le premier reproche. Il est certain que le maréchal connaissait la présence des partisans à Boïalva et Viseu, sur ses derrières. C'était une faute d'abandonner sous une faible escorte le dépôt de Coïmbre, d'autant que l'Empereur lui avait bien recommandé de laisser sur ses derrières plusieurs régiments provisoires de cavalerie, avec du canon.

« Il aurait dû laisser, dit le maître, un corps de 6.000 hommes pour défendre et fortifier Coïmbre et contenir la division d'Oporto.»

Comme le dit l'Empereur dans cette même note, une guerre offensive doit être méthodique.

Le maréchal n'ignorait pas ce principe ; mais il pensait qu'il aurait besoin de toutes ses forces pour une deuxième bataille. Il avait bien d'ailleurs le droit de compter sur la coopération des troupes laissées en Castille pour garder sa ligne de communications. Les troupes d'étapes d'une armée appartiennent à cette armée et le IXe corps aurait dû être placé sous les ordres de Masséna dès le début des opérations.

L'Empereur, très mal renseigné, pensait à tort que l'énergie du maréchal suffirait pour surmonter toutes les difficultés. La campagne avait été mal préparée, mal étudiée, voilà la vérité.

Pour les besoins de la cause, Napoléon grossit beaucoup les effectifs. Masséna n'eut jamais 72.000 hommes à sa disposition.

La note ajoute :

« Il est vrai qu'il (Masséna) ne serait plus arrivé devant Lisbonne qu'avec 60.000 hommes (?). Mais cela était suffisant si le général anglais avait le projet de s'embarquer. Si au contraire, comme tout devait le faire penser (!), il voulait se maintenir en Portugal, les Français ne devaient pas dépasser Coïmbre ; ils devaient prendre une bonne position en avant de cette ville, même à plusieurs marches, s'y fortifier, soumettre Oporto par un détachement, organiser leurs derrières et leurs communications avec Alameida, attendre que Badajoz fût pris et que l'armée d'Andalousie fût arrivée sur le Tage. »

Agir ainsi eût été sage, méthodique, ainsi que l'avait recommandé l'Empereur au début de la campagne; mais quel général n'aurait pas suivi l'épée dans les reins cette cohue qui, après Busaco, cherchait à gagner Lisbonne?

« Arrivé au pied des retranchements de Lisbonne, dit l'Empereur, le général français manqua de résolution. »

Il est à peu près certain que la première ligne anglaise aurait pu être percée lorsque l'armée française arriva sur les talons des colonnes anglaises. Attaquer de suite, tel fut le projet de Masséna ; mais les objections irrespectueuses de Ney et de Reynier le firent hésiter et il n'eut pas le courage de les obliger à l'obéissance.

Enfin l'Empereur accuse Masséna « de n'avoir pas raisonné son opération ». Cependant dans son premier entretien avec le général Foy, il a approuvé la résolution du maréchal de bloquer Lisbonne.

C'est alors qu'il réitère au duc de Trévise « l'ordre de marcher sur le Tage avec le Ve corps ».

Le 16 janvier 1811, Berthier écrira à Masséna qu'il peut compter sur le concours de l'armée du Nord créée par décret du 15 janvier et qui « dans des circonstances imprévues, doit appuyer l'armée du Portugal et lui porter du secours ».

Un mois après, Napoléon fera écrire : « Tout est sur le Tage. »

L'Empereur se faisait des illusions sur la situation de l'armée du Portugal.

Le désappointement qu'il éprouva en apprenant l'échec complet de son lieutenant, les récriminations du duc d'Elchingen relevé de son commandement, les justes reproches que l'on peut adresser au maréchal pour sa vie privée, son entêtement et parfois son indolence expliquent ces critiques.

L'Empereur n'a pas un mot d'admiration pour la fermeté de caractère de son ancien compagnon d'armes, pour sa ténacité, pour sa belle manœuvre de Fuentès-d'Onoro.

Les résultats de cette campagne prouvent une fois de plus que la conquête de l'Andalousie, ordonnée par le roi Joseph, avait été une des fautes les plus graves. Sans cette division des forces, ce n'est pas avec 60.000 combattants que le prince d'Essling se serait présenté devant Lisbonne, mais bien avec 120.000 vétérans.

Dans des pages fort éloquentes, M. Thiers a très justement fait remonter l'échec de l'armée du Portugal à la politique de l'Empereur.

« En toutes choses, dit-il, les sacrifices les plus grands, sans le dernier qui doit les compléter, restent stériles. Assurément il était cruel de s'imposer de tels sacrifices pour l'Espagne, mais pourquoi s'y était-on engagé ? Et ne valâit-il pas mieux lui donner 100.000 hommes de plus que d'en préparer 500.000 pour la Russie ? »

Et ailleurs :

« La faute de vouloir dominer, asservir, transformer le monde en quelques années, une fois commise, Napoléon y avait ajouté toutes les fautes découlant de la première ; il y avait ajouté le goût de tout faire à la fois en Espagne, comme il voulait tout faire à la fois en Europe ; puis, ce qui suit ordinairement les entreprises exorbitantes, le besoin de se faire illusion, de se tromper lui-même pour s'excuser ou s'étourdir ; puis après les illusions, les ordres vagues, sans accord avec les faits ; puis enfin des négligences, presque des distractions, trahissant le génie épuisé de fatigue, qui succombe sous les efforts d'une ambition déréglée...

Si» donc la grande question européenne qu'il était souverainement imprudent d'avoir transportée en Espagne, mais qu'il était possible d'y résoudre, ne fut pas résolue en 1810 et 1811, malgré d'immenses moyens, il faut en accuser non pas le génie, mais la politique de Napoléon qui engendra les fautes militaires de ses agents et les siennes. »

CHAPITRE IV

OPÉRATIONS DE SOULT (JANVIER A MAI 1811)

L'Albuera. — Réunion des armées du Portugal et du Midi (juin 1811).

Le duc de Dalmatie avait été invité plusieurs fois à appuyer l'armée du Portugal, et cela depuis la fin de septembre. Au moment où l'Empereur envoyait à Drouet l'ordre de marcher sur Alameida, il écrivait à Berthier (28 septembre) :

« Il faut donner l'ordre au duc de Dalmatie de se porter avec le Ve corps constamment sur La Romana, de manière à le tenir en échec s'il voulait passer le Tage ou marcher sur les derrières de l'armée du Portugal. Vous lui ferez connaître que... ; qu'il a plus de monde là qu'il ne lui en faut ; que son premier but doit être de faire diversion et de s'appuyer sur l'armée du Portugal. »

Le 25 octobre, l'Empereur revenait à la charge.

Le 14 novembre, il envoyait des reproches au commandant de l'armée d'Andalousie pour le « peu d'énergie qu'il mettait dans ses opérations », pour avoir laissé aller La Romana à Lisbonne, pour n'avoir pas menacé Lisbonne par la rive gauche du Tage, ce qui permettait aux Anglais d'avoir toutes leurs forces sur la rive droite.

Quelques jours plus tard (14 et 10 décembre) partirent de Paris des ordres positifs et c'est alors seulement qu'il obéit.

Cependant la situation de l'armée du Portugal était parfaitement connue à Séville. Une lettre du roi à Berthier (28 novembre) en fait foi.

Le 3 janvier 1811, le maréchal Soult s'était concentré à Llerena (1); le 5, il était à Zafra et le 22 il était en possession d'Olivenza, place dont il voulait faire son dépôt.

C'est alors qu'il écrivit à Berthier : « Pour le moment il m'est de toute impossibilité de pousser des troupes jusqu'au Tage sans les compromettre...

» Il ne peut rien arriver de fâcheux jusque-là (2) à l'armée du Portugal qui est bien approvisionnée et bien retranchée. »

Il savait le contraire.

Il disait encore à Berthier : « Après le siège de Badajoz

---

(1) Le maréchal Soult disposait des forces ci-après :

V^e corps.

1re division Girard, 5.435 hommes ;
2e division Gazan, 5.775 hommes ;
Division de cavalerie Latour-Maubourg (14 escadrons) 3.870 hommes ;
Brigade de cavalerie légère Briche (6 escadrons);
Six batteries à pied ;
Cinq compagnies de sapeurs.

En septembre (1810), La Romana avait été battu par la division Girard ; mais il avait pu rejoindre Wellington sans être inquiété.

En 1810, les armées espagnoles formaient trois masses paincipales :

Armée de droite.

Blake et O'Donnel, Aragon et Catalogne.

Armée du centre.

Arizaga, dans la Sierra Morena ;
Albuquerque, dans l'Estrémadure.

Armée de gauche.

Marquis de La Romana, vers Ciudad-Rodrigo, puis Placencia et Badajoz ;
May, en Galice.

(2) Jusqu'à la prise de Badajoz et Campo-Mayor.

et de Campo Mayor, je ferai des incursions qui pourront être utiles à l'armée du prince d'Essling! »

Les circonstances cependant n'étaient pas ordinaires.

C'était bien ainsi qu'avait pensé l'Empereur en écrivant le 16 février à Berthier :

« Si Badajoz a été pris dans le courant de janvier, le duc a pu se porter sur le Tage et faciliter l'établissement du pont au prince d'Essling.

» Tout est sur le Tage.

» Il peut même, si cela est nécessaire, retirer des troupes au IVe corps. »

L'Empereur espérait que Masséna et Soult seraient réunis le 20 janvier; mais les reconnaissances du duc de Dalmatie ne dépassèrent pas Arronches. Il semblait néanmoins croire avoir rempli sa mission et il écrivait (2 février) à Berthier :

« J'ai obligé l'ennemi à rapprocher de Badajoz toutes les troupes espagnoles et à porter même des corps anglais dans cette direction..... Il m'est impossible de faire davantage. »

Dans la nuit du 13 mars, alors que l'armée du Portugal était en pleine retraite, deux jours après la reddition de Badajoz, Wellington avait dirigé Beresford avec 20.000 fantassins, 2.000 cavaliers et 18 canons en Estrémadure pour s'opposer à la marche du Ve corps sur Abrantès.

Mais le duc de Dalmatie était déjà parti pour Séville (1). Une armée anglaise avait débarqué à Algésiras (général Graham), et avait marché sur Cadix pour en faire lever le siège (bataille de Chiclana, 5 mars 1811).

Le maréchal Soult avait mis une garnison dans Badajoz et avait laissé au duc de Trévise le soin de s'emparer de Campo-Mayor (siège du 14 au 21 mars). Mais ce dernier,

(1) Avec 7.000 hommes.

ne disposant que (1) de neuf bataillons de la division Girard et quelques escadrons de la brigade légère Briche, dut se retirer devant Beresford qui put investir Badajoz dans le courant du mois d'avril. Wellington dirigea les premiers travaux, mais partit peu après pour Alameida pour s'opposer au ravitaillement de cette place par le prince d'Essling (quelques jours avant la bataille de Fuentès-d'Onoro).

Dans les premiers jours de mai 1811, le siège de Badajoz était mené avec activité par les alliés lorsque la nouvelle de l'arrivée du maréchal Soult à Llerena se répandit.

Le maréchal disposait de 17.000 hommes (2).

L'armée anglo-portugaise, forte de 32.000 hommes (deux divisions anglaises) (3), 7.000 Portugais, division espagnole de Blake qui avait remonté le cours de la Guadiana), avait pris position sur l'Albuera.

Les troupes anglaises sauvèrent la situation et le maréchal Soult dut se retirer sous la protection de la cavalerie et de l'artillerie. Le point d'attaque fut bien choisi ; mais les deux divisions françaises se portèrent en avant sans avoir pris toutes les précautions nécessaires. Leurs lourdes colonnes ne purent se déployer et en quelques minutes les pertes furent énormes.

Cette journée, très meurtrière, coûta 4.000 hommes à chaque parti.

Le lendemain (17 mai), les deux armées restèrent en face l'une de l'autre sans bouger. « Cette affaire désastreuse

---

(1) 7.500 fantassins, 606 cavaliers, 9.000 hommes au plus.

(2) Le maréchal Mortier avait demandé à rentrer en France. Il n'obéissait à Soult qu'à contre cœur. En arrivant à Placencia (août 1809), il s'était déjà plaint des rapports inexacts du général en chef sur la lenteur des mouvements du Ve corps.

(3) Division Stuart et Cole, trois brigades portugaises d'Hamilton, troupes espagnoles de Blake et Castanos.

exerça sur le moral du soldat français une influence funeste. Ces vieux guerriers n'abordèrent plus les Anglais qu'avec une certaine défiance (1). »

Après la bataille d'Albuera, le duc de Dalmatie s'installa à Llerena, pays offrant certaines ressources. Ainsi placé il pouvait attendre l'arrivée du IX° corps pour reprendre la lutte dans de meilleures conditions contre l'armée anglaise ou, suivant les circonstances, en finir avec les bandes espagnoles et les colonnes anglaises qui menaçaient les Ier et IVe corps.

Le 19 mai, Wellington (2) était arrivé à Elvas avec deux divisions. Il était mécontent des opérations de Beresford qui s'était exposé aux coups du duc de Dalmatie; mais il était décidé, la crise passée, à profiter des circonstances pour s'emparer de Badajoz que défendait avec énergie le général Philipon.

Le 9 juin, les troupes anglaises tentèrent l'assaut du château; mais elles échouèrent et perdirent plusieurs centaines d'hommes.

Le 10, une dépêche de Soult à Marmont fut interceptée et renseigna le général anglais sur l'arrivée prochaine du IXe corps à Llerena et la marche de l'armée du Portugal vers le Tage par le col de Banos. Le soir même il fit procéder à l'évacuation des magasins. Sa résolution était prise de lever le siège de Badajoz (12 mai).

Dans l'espoir de battre l'armée du Midi séparément, si elle prenait l'offensive sans attendre le concours de l'armée du Portugal, Wellington prit position sur l'Albuera; mais le duc de Dalmatie évita de s'engager avec le plus grand soin et étendit sa droite vers Almendralejos pour donner la main à son collègue.

---

(1) *Victoires et Conquêtes*, t. II, p. 88.

(2) Le prince d'Essling étant revenu à Salamanque le 10 mai, toute liberté de mouvement était laissée à Wellington.

Le 17 (1), l'armée alliée passa la Guadiana pour gagner Olivenza et Campo-Mayor. Le 20, Marmont et Soult faisaient leur entrée dans Badajoz qui était sur le point de succomber faute de vivres.

La marche de l'armée du Portugal vers Badajoz est une des plus belles pages de cette longue guerre. Aussi mérite-t-elle de fixer l'attention.

Pour la première fois deux maréchaux de l'Empire vont s'aider pour le bien commun. Pourquoi ce changement d'attitude? L'esprit de solidarité allait-il renaître?

Après le départ de Masséna qui rentrait en France l'âme navrée, le duc de Raguse (2), s'inspirant des ordres en date du 20 avril (3), s'était préoccupé de rétablir l'ordre et la discipline dans l'armée du Portugal.

Il ne pouvait conserver l'organisation en corps d'armée puisque les troupes dont il disposait s'élevaient à peine à 30.000 hommes dont 3.000 cavaliers. Il forma donc huit divisions :

1re division, général Foy;
2e division, général Clausel;
3e division, général Ferey;
4e division, général Sarrut;
5e division, général Maucune;
6e division, général Brenier;
7e division, général Souham;
8e division, général Bonnet;
Divisions de cavalerie, Mermet et Treilhard (4).

Pendant que le général en chef donnait tous ses soins à cette organisation nouvelle et au réapprovisionnement de

---

(1) Le 14 mai, Wellington connaissait l'arrivée de Marmont à Truxillo.

(2) Le duc de Raguse était arrivé le 7 mai.

(3) « Saisissez les rênes d'une main ferme; faites dans l'armée les changements qui deviennent nécessaires. »

(4) L'armée de Portugal avait 36 pièces attelées.

tous les corps, surtout de la cavalerie et de l'artillerie qui avaient beaucoup souffert, les Anglais restaient inactifs sur le Coa, permettant ainsi à leurs adversaires de se refaire et de se ravitailler en toute sécurité à Salamanque.

Tous les officiers fatigués furent renvoyés en France; les cadres disponibles, après l'emploi d'une partie des effectifs au complément des bataillons appelés à marcher, furent réunis à Salamanque. La maraude fut sévèrement réprimée et en peu de temps la discipline fut raffermie.

Le 10 mai 1811, au moment même où la place d'Alameida sautait, le major général écrivait au nouveau chef de l'armée du Portugal pour lui dire que sa conduite devait dépendre de ce qui s'était passé devant Alameida.

L'armée anglaise n'ayant pas dépassé la Coa et Wellington étant allé prendre la direction du siége de Badajoz, il était évident que le but du général anglais n'était pas pour le moment de menacer la Castille, mais d'obliger le maréchal Soult à lever le siège de Cadix pour secourir Badajoz.

Le devoir du duc de Raguse était donc de soutenir le duc de Dalmatie et c'était vers Badajoz qu'il fallait courir.

Le maréchal le comprit ainsi et l'Empereur l'approuva.

Le 3 juin, le major général lui recommanda de ne faire aucun mouvement important avant d'avoir 60 pièces de canon attelées « avec leur approvisionnement » et réorganisé l'armée.

Cette lettre parvint au duc de Raguse alors qu'il avait déjà passé le Tage.

Il avait pensé qu'il fallait aller vite et il n'avait pas hésité à marcher de sa propre initiative, après avoir fait prévenir le duc de Dalmatie par le colonel Fabvier (1).

---

(1) Il y a lieu de remarquer que, depuis le 15 janvier 1811, le nord de l'Espagne était gardé par une armée de 60.000 hommes sous les ordres de Bessières, puis de Dorsenne.

La division Bonnet gardait les Asturies, couvrant toute la plaine et ayant une position offensive contre la Galice. (Napoléon à Berthier, 8 juin 1811.)

Le mouvement commença le 3 juin, couvert par la cavalerie légère et la première division qui avaient pour mission d'inquiéter les forces anglaises restées sur la Coa.

L'avant-garde avait l'ordre d'établir un pont à Almaraz. L'équipage avait été demandé à Madrid, mais il arriva en retard et l'armée perdit ainsi un jour.

Le 17 juin l'avant-garde occupait Mérida, ayant parcouru vingt kilomètres par jour, en moyenne. Le jour même, Wellington avait repassé la Guadiana.

La jonction des deux armées était faite sans que Wellington ait songé un seul instant à l'empêcher. C'est avec raison que Jomini reproche au général anglais de n'avoir pas manœuvré comme jadis Bonaparte en 1796. Mais le général anglais ne connaissait et ne pouvait connaître l'esprit de la doctrine napoléonienne. Il n'avait jamais fait la guerre que dans les Indes avant de commander en Espagne.

Il avait intérêt, il est vrai, à ne rien sacrifier à la fortune; mais en la circonstance il se montra vraiment trop circonspect.

D'ailleurs Talavera et Busaco n'avaient pu que lui donner une haute idée de la valeur de ses troupes et de son talent, en même temps que le confirmer dans cette idée fausse qu'il suffisait d'occuper une belle position pour battre son adversaire. La journée de Fuentès-d'Onoro aurait dû cependant dissiper ses illusions, car s'il n'avait pas succombé il n'avait dû son salut qu'à des fautes graves commises par une partie des troupes qui l'avaient attaqué. Mais l'esprit est lent à se ressaisir et il ne faut pas s'étonner que Wellington ait encore choisi une position défensive en juin 1811.

Le 20 juin, Wellington disposait de 23.500 Anglais, 13.800 Portugais et 8.000 Espagnols (1) (Blake). A la même date le duc de Dalmatie pouvait mettre en ligne 25.000 hommes

(1) Ceux-ci partirent le 22 pour Séville.

et le duc de Raguse avait sous ses ordres 28.000 combattants.

Quelques jours après (24 juin), l'armée alliée était renforcée du corps Spencer qui avait marché parallèlement à l'armée du Portugal.

Toute l'armée anglaise avait pris position sur la Caya et Wellington avait l'intention d'accepter la bataille.

Si l'armée française, forte de 50.000 hommes, placée sous un même commandement, eût attaqué les Anglais après les avoir reconnus et avec les précautions nécessaires, elles les eût infailliblement battus, d'autant plus que les corps portugais étaient démoralisés et affaiblis (1).

« Cette belle armée (2), dit M. Thiers, excepté celle du maréchal Davout, n'avait pas d'égale en Europe, car elle était composée des anciens soldats d'Austerlitz, d'Iéna, de Friedland, et venait d'ajouter à ses longues campagnes trois années des plus formidables épreuves en Espagne. »

Que se passa-t-il entre les deux maréchaux ?

Des affirmations de Marmont (3) il faudrait conclure que le duc de Dalmatie prétendit être obligé de partir pour Séville, que ce maréchal aurait voulu attirer son collègue en Estrémadure pour lui permettre de consacrer tous ses efforts au siège de Cadix. Le duc de Raguse, mis en garde contre le duc de Dalmatie (4), répondit fort sèchement aux propositions de ce dernier et déclara qu'il ne voulait pas exposer son armée à un désastre.

Aucun des deux n'eut le courage d'abandonner pour un instant ses titres pour se subordonner à l'autre en vue du bien commun. Aucun des deux, après avoir reconnu les

---

(1) Les malades étaient nombreux (Brialmont, *Histoire de Wellington*).

(2) *Histoire du Consulat et de l'Empire*, t. XIII, p. 266.

(3) *Mémoires* du duc de Raguse.

(4) « Marmont prêtait à Soult des calculs que Soult ne faisait pas. » Thiers, t. XIII, livre XLII, p. 270.

positions des Anglais (24 juin) n'osa prendre la responsabilité d'une attaque.

Ils n'avaient confiance ni en eux ni en leurs soldats.

Le 27 juin, le duc de Dalmatie quitta les environs de Badajoz pour se porter au secours de Séville que menaçait Blake.

Il est certain que l'attaque de la position occupée sur la Caya par Wellington présentait de sérieuses difficultés.

Les Anglais s'étaient retranchés sur tout leur front ; des communications de circonstance reliaient tous les secteurs ; la cavalerie était répartie aux ailes, vers Juramenha et Albuquerque ; des tours servaient d'observatoires et permettaient de suivre tous les mouvements des Français. La place d'Elvas couvrait la droite de cette position.

Mais il n'y a pas de position, si forte soit-elle, qui ne finisse par succomber. Il fallait reconnaître celle des Anglais minutieusement, l'investir, puis manœuvrer.

Il faut du caractère pour reconnaître ses erreurs. Le plus souvent ce n'est pas au cours d'une campagne qu'on s'aperçoit du mauvais emploi qu'on a fait des outils matériels et, aussi, de l'homme même.

Le duc de Dalmatie avait-il réfléchi sur les causes de son échec d'Albuera ? Il n'en avait pas eu le temps ; mais les pertes qu'il avait subies lui avaient donné une opinion exagérée de la valeur des troupes anglaises et des positions fortifiées. Quant au duc de Raguse, il avait certainement entendu parler de Busaco et de Torres-Vedras.

Il ne faut pas chercher plus loin les causes de l'attitude timide que prirent les deux maréchaux.

L'armée française perdit « une nouvelle occasion de soumettre la Péninsule en écrasant les forces britanniques ».

Cependant la crise « était grave ; ce fut pour Wellington une des périodes les plus critiques de la guerre ».

Sur les instances de Marmont qui ne voulait pas rester isolé pendant le ravitaillement de Badajoz en munitions et en vivres, le maréchal Soult laissa provisoirement en observation le général Drouet (IXe corps) avec deux faibles divisions, et avec le reste de ses troupes il poursuivit vivement les mauvais soldats de Blake à travers le pays d'Huelva jusqu'à Ayamonte où ils s'embarquèrent.

A l'est, le IVe corps bien réduit avait eu à lutter contre les troupes de Murcie commandées par le général Frère.

En peu de temps l'Andalousie fut de nouveau pacifiée.

De son côté, le maréchal Marmont, après avoir protégé le ravitaillement de Badajoz, revint sur le Tage, entre Talavera et Alcantara, à quatre ou cinq marches de Salamanque par le col de Banos et à portée de l'armée du Midi.

Mais les deux maréchaux, qui un instant avaient fait converger leurs efforts, ne devaient plus penser qu'à se défier l'un de l'autre, déplorable exemple de jalousie dont l'armée française devait être la victime (1).

Soult et Marmont firent fi des sourires de la Fortune.

Ce fut dans la plus grande tranquillité que l'armée anglaise put prendre ses quartiers autour de Marvao et se reposer.

---

(1) Le roi Joseph, au moment de ces graves événements, Fuentès-d'Onoro et marche de Marmont vers Badajoz, était au baptême du roi de Rome (9 juin).

L'armée d'Espagne était dans la misère.

Les soldats vivaient le plus souvent de maraude, se nourrissant et s'habillant comme ils pouvaient. Les officiers faisaient de même, supportant de cruelles souffrances.

Napoléon n'accordait que 48 millions pour la solde et il en aurait fallut 80.

Encore avait-on pris sur les fonds venus de France pour réparer l'artillerie, pour des magasins, etc.

« Voilà, après les espérances conçues en 1810, après deux années de nouveaux combats, après 200.000 hommes de renfort envoyés depuis la paix de Vienne, après tant de soldats et de généraux sacrifiés, après tant d'illustres renommées compromises, celles de Masséna, de Ney, de Jourdan, d'Augereau, de Soult, de Victor, de Saint-Cyr, voilà où en était la conquête de l'Espagne ! » (Thiers, t. XIII, livre XLII, p. 236.)

CHAPITRE V

PROJETS DE WELLINGTON

Prise de Ciudad-Rodrigo et de Badajoz par l'armée anglaise.

Les commandants des armées du Midi et du Portugal ayant refusé la bataille, l'armée anglaise restait intacte, toujours menaçante, prête à profiter des circonstances favorables. Après avoir échappé à un désastre sur les rives de la Caya, elle était au repos près du Tage.

Spectacle singulier à cette époque si éloignée par les faits de la guerre de Sept ans, nous voyons renaître les idées frédériciennes dans une guerre de places, méthodiquement suivie.

L'armée française semble ne plus avoir de direction. Elle se divise en plusieurs groupes dont les deux les plus rapprochés, armées du Midi et du Portugal, seront séparés bientôt par plus de douze jours de marche et dont les chefs ne veulent plus s'entendre. Cette armée ressemble à un navire sans pilote, que la moindre vague peut jeter sur les récifs.

De cette division naîtra l'idée égoïste et conservatrice de la défensive par province.

Wellington sait tout cela et il hésite à profiter du succès moral qu'il a obtenu en intimidant ses deux adversaires. Ses soldats, dit-il, étaient fatigués. Et ceux de Marmont, qui avaient marché pendant près d'un mois, ne l'étaient-ils pas?

Au lieu de cette lutte ardente, passionnée, qui seule est féconde en résultats, nous allons voir Wellington assiéger des places, les prendre grâce à l'imprudence des Français; mais nous n'assisterons à aucun événement décisif.

Il faut cependant reconnaître qu'il montra dans ces sièges de la prudence et une grande fermeté.

S'emparer d'abord de Badajoz pour occuper le duc de Dalmatie et lui barrer la route s'il se portait sur le Tage; puis surprendre Ciudad-Rodrigo, telle était l'idée de la manœuvre qu'il voulait tenter.

Il pensait qu'une fois maître de ces deux places il pourrait s'avancer, soit en Andalousie, soit en Castille, sans avoir à redouter de voir paraître une armée française sur ses derrières, comme après Talavera.

Avec un adversaire peu manœuvrier, avec une armée prussienne de 1806, une pareille conception pouvait être admise; mais les armées françaises du Centre et du Nord ne pouvaient-elles pas se réunir soit à celle du Portugal, soit à celle du Midi, et, masquant les places occupées par de faibles garnisons anglaises, se porter contre l'armée principale, qu'elle fût sur la Coa ou sur la Guadiana?

Une place isolée, à l'époque qui nous occupe surtout, démantelée à plusieurs reprises, ne pouvait être longtemps un obstacle à la marche de toute une armée.

En juillet 1811, le plan de cette double opération, prise de Badajoz et de Ciudad-Rodrigo, n'avait certes pas été mûri complètement. L'esprit de Wellington, « homme de sens et de caractère (1) », n'allait pas au delà de la prise de Ciudad-Rodrigo. En 1812 seulement, alors que la campagne de Russie lui enlevait toute crainte au sujet de l'arrivée, toujours possible, de l'Empereur, il jugea les circonstances favorables pour opérer vigoureusement.

Dans le plus grand secret la route d'Oporto à Celerico

(1) Thiers, t. XIII.

par Lamego fut réparée et 5.000 bœufs transportèrent un équipage de siège.

L'armée anglaise (1) (40.000 hommes) passa le Tage, le 21 juillet, à Vilha-Velha (2) et arriva, le 8 août, sur la Coa. Le général Hill était resté sur le Tage pour observer l'armée de Marmont.

Wellington, n'étant pas encore en état d'attaquer Ciudad-Rodrigo, se contenta de bloquer la place.

Le 20 septembre, le duc de Raguse (cinq divisions) et le général Dorsenne (15.000 hommes de l'armée du Nord) (3) étaient réunis auprès et à l'ouest de Salamanque pour ravitailler Ciudad-Rodrigo. Les Français (60.000 hommes) avaient l'avantage du nombre, du matériel et l'esprit manœuvrier; les Anglais n'étaient pas concentrés; leurs divisions étaient éparses sur une longue ligne dont le centre (hauteurs d'El Bodon) était à 16 kilomètres environ des ailes. Une crue subite de l'Agueda aurait pu en un moment séparer complètement le centre de l'aile droite.

Ce fut sur le champ de bataille même, le 25 septembre, que s'opéra la concentration de l'armée anglaise, vers Guinaldo. La 3e division, isolée à El-Bodon, aux prises avec Montbrun, fut très compromise; mais l'attitude énergique des troupes en imposa à Marmont. Wellington put se dérober dans les journées du 26, du 27 et du 28 septembre

(1) Les fièvres de la Guadiana avaient sévi sur l'armée anglo-portugaise. — 22.000 hommes étaient aux hôpitaux.

(2) Wellington, pour permettre la navette entre le groupe laissé sur le Tage et le gros de l'armée qu'il amenait sur la Coa, fit réparer les chemins et les rendit carrossables.

(3) L'armée du Nord comprenait :
Division Seras;
Division Dumoustier (Garde);
Division Roguet (Garde);
Division Souham;
Division cavalerie Wathier;
50 pièces,
Etaient attachées à cette armée les divisions Bonnet (Asturies); Reille et Cafarelli (Navarre et Biscaye).

et aller s'établir entre la Coa et les sources de l'Agueda, sur les hauteurs de Soita derrière lesquelles était un profond ravin.

Le duc de Raguse, qui avait ravitaillé Ciudad-Rodrigo le 23 (1), pensa avoir assez fait et rétrograda sur le Tage. Il n'y avait pas communion d'idées entre le commandant de l'armée du Nord et celui de l'armée du Portugal; aucun d'eux n'avait le caractère assez grand pour vaincre en face de l'ennemi la crainte d'encourir le blâme, les reproches et parfois la perte d'une renommée. Masséna était le seul maréchal alors vivant qui avait ce courage « et qui, vaincu, était toujours prêt à recommencer comme s'il eût été vainqueur ».

Ainsi, ce qui s'était passé sur la Caya entre Marmont et Soult se renouvelait sur l'Agueda.

Une bataille eût mis les Français aux prises avec une partie seulement de l'armée anglaise. Leur avant-garde seule fut engagée, après des ordres et des contre-ordres qui harassèrent les troupes (2).

Le 26 et le 27, ils avaient encore la supériorité numérique.

Le 28, les Anglais acceptaient la bataille en avant d'un défilé, s'exposant, en cas d'échec, à un désastre. Le maréchal Marmont, qui n'avait pas la ferme volonté de vaincre, ne calcula ni ses chances ni celles de son adversaire et se retira après une série d'engagements (à Aldea-de-Ponte) dont la combinaison échappe à l'esprit.

Dans ses *Mémoires*, le duc de Raguse (3) a essayé de se

---

(1) Le convoi de vivres comprenait 950 voitures. Pour vivre l'armée avait dû emprunter au convoi une certaine quantité de denrées qu'il comprenait, tant le pays traversé était pauvre.

(2) *Mémoires* de Thiébault, t. IV, p. 518 et 519.

(3) Le duc de Raguse, ancien compagnon de Bonaparte, était très estimé de l'Empereur. Il en tirait une vanité insupportable.

Il a toujours cru ne s'être jamais trompé.

C'était un homme instruit, habile, exact, méthodique.

justifier en affirmant qu'il n'était pas en mesure de profiter d'un succès et de suivre en Portugal l'armée anglaise battue !

Mais il a écrit sa condamnation en avouant qu'il avait une idée préconçue. Il ne pensait pas, dit-il naïvement, que Wellington ait pu commettre la faute de s'étendre sur un front pareil (1).

Ainsi que le dit fort justement M. Thiers (2), « l'irréflexion chez le principal de nos deux généraux, le défaut de concours chez l'autre, procurèrent ainsi à l'heureux Wellington une bonne fortune de plus, le sauvèrent d'un immense péril, et nous privèrent de l'occasion de détruire un mortel ennemi, occasion qui s'était en vain présentée plus d'une fois ».

Les pertes de ces trois journées furent insignifiantes; mais le résultat de la retraite pure et simple des Français fut de restreindre le théâtre des opérations de l'armée du Portugal, car elle permettait à Wellington de serrer de plus près Ciudad-Rodrigo et d'envoyer des coureurs jusqu'à Salamanque.

Il sera d'autant plus facile au général anglais de pénétrer en Castille que l'Empereur va rappeler une bonne partie des cadres et des soldats excellents, rompus aux fatigues, connaissant le pays. Il n'entrera plus en Espagne que des conscrits (3).

En mars 1812, la garde (4) fut rappelée en poste.

La situation matérielle de l'armée anglaise au cours de l'hiver 1811-1812 n'était pas plus brillante que celle de l'ar-

---

(1) *Mémoires* du duc de Raguse, t. IV, p. 166.

(2) Thiers, *Consulat et Empire*, t. XIII, p. 315.

(3) 60.000 hommes environ, tous anciens soldats, rentrèrent en France. Des conscrits les remplacèrent; mais il y eut une diminution d'effectif de 25.000 hommes.

(4) Le général Roguet, dans ses *Mémoires*, a retracé les événements auxquels sa division a pris part.

mée française. Wellington avait à lutter contre la régence espagnole et la faction portugaise des Souza. Mais le général anglais, soutenu dans son pays par tous les partis, depuis qu'il avait résisté au prince d'Essling, était convaincu de la faiblesse morale de son adversaire, fermement résolu à lui résister et même à l'attaquer au moment opportun.

Tout militaire reconnaîtra qu'il n'était pas habile manœuvrier, qu'il ne créait jamais une combinaison ingénieuse et pleine d'audace; mais il l'emportait sur son adversaire, le duc de Raguse, par le sang-froid, la fermeté et le caractère. Il épiait les occasions et savait en profiter. Il était facile à un esprit aussi lucide qu'était le sien de comprendre que le règne de Joseph ne pouvait durer. Il connaissait la division profonde qui régnait entre les commandants de l'armée française, et savait que l'entreprise gigantesque de l'Empereur dans le nord de l'Europe empêcherait ce dernier de donner même un conseil. Il ne pouvait donc douter du succès.

A la fin de 1811, alors que les cartes se brouillaient de plus en plus à Paris et Saint-Pétersbourg (mission de M. de Nesselrode mal interprétée par Napoléon), il avait arrêté définitivement son plan d'opérations.

Ayant calculé que Marmont et Dorsenne ne pourraient arriver à temps pour s'opposer à la prise de Ciudad-Rodrigo, tandis que Soult pourrait secourir à temps Badajoz, il prit pour premier objectif la première de ces places dont il avait, du reste, préparé le siège dans ses grandes lignes dès le mois d'août 1811. S'il réussissait, il marcherait sur Badajoz et, avant l'arrivée du duc de Dalmatie, le général Philippon, d'après ses calculs, tout le matériel ayant été secrètement préparé, devait se rendre.

Ce plan une fois bien établi, il le suivit jusqu'au bout, avec une ténacité invincible, sans se laisser émouvoir par les récriminations des Espagnols et des Portugais.

Pendant les mois de novembre et de décembre, il avait

réuni à Alameida et environs, en secret, tout un équipage de siège (70 pièces avec équipages) (1).

A la fin de décembre, il apprit le départ de deux divisions de l'armée du Portugal pour Valence, où allait pénétrer bientôt le maréchal Suchet.

Le moment d'agir lui parut favorable. Le 7 janvier 1812, alors que Marmont était dans la sécurité la plus complète, l'armée anglaise passa l'Agueda et investit étroitement Cuidad-Rodrigo, dont la garnison ne comprenait que 1.800 hommes.

L'armée anglaise ne connaissait qu'imparfaitement l'art d'assiéger une place (2). Le personnel manquait; le matériel faisait défaut.

Cependant la place fut prise d'assaut et mise à sac le 19 janvier (3).

Les divisions du duc de Raguse (4) étaient alors en marche pour se concentrer à Salamanque. Il était trop tard pour sauver la place. L'armée du Portugal s'arrêta.

Pendant ce temps le duc de Wellington prenait ses mesures pour résister à Marmont et pour s'opposer à une marche de celui-ci sur Mérida. Alameida et Ciudad-Rodrigo furent ravitaillées; 25.000 Espagnols et Portugais (général Abadia) avaient l'ordre de harceler l'armée du maréchal s'il se portait sur la Guadiana.

Au commencement de mars, l'armée anglaise partit pour Badajoz; le 11, elle était à Elvas où un parc de siège (5) avait été réuni en secret.

Le corps de Hill (2 divisions d'infanterie et de cava-

---

(1) Un immense matériel avait été transporté également à Abrantès, et de là à Elvas, en secret, pour le siège de Badajoz.

(2) Colonel Jones, ingénieur anglais.

(3) Lord Wellington est nommé par les Espagnols : duc de Ciudad-Rodrigo.

(4) Le 15 janvier, Marmont entendit parler du siège.

(5) 78 pièces, outils, transports, etc.

lerie), établi à Mérida, couvrait le siège qui allait être entrepris contre une tentative du duc de Raguse; la couverture vers le sud (armée du Midi) était assurée par le corps de Graham (3 divisions d'infanterie) détaché vers Llerena. Des bandes d'insurgés menaçaient Séville.

Le 17 mars, Badajoz était investie.

Le 7 avril, après plusieurs assauts des plus meurtriers, le gouverneur se rendait.

Comme Ciudad-Rodrigo, Badajoz fut pillée et mise à sac (1).

Le lendemain, les courriers du général Philippon rencontrèrent le maréchal Soult qui accourait avec 24.000 hommes. Le 1er avril, il était à Séville; le 4, à Llerena. Il y apprenait, trois jours après, la chute de Badajoz, l'inaction de Marmont à Salamanque et l'invasion de l'Andalousie par les bandes de Ballesteros et Penne-Villemer. Il dut immédiatement revenir sur le Guadalquivir.

Wellington avait réussi. Il était maître de deux places fortes, grâce à l'incurie des Français divisés.

De leur désunion était venu l'abandon du Portugal; bientôt viendra celui de toutes les provinces conquises.

La supériorité morale était désormais définitivement acquise aux Anglais.

---

(1) Lord Wellington lui-même se vit menacé de la baïonnette par ses soldats, qui l'empêchèrent de pénétrer dans la place pour contenir le désordre (comte Toreno). — William Lawrence, *Mémoires d'un Grenadier anglais*, p. 131, 132 et 133.

CHAPITRE VI

MARMONT EN FACE DE WELLINGTON

Sa responsabilité (1811-1812).

Il nous reste à rechercher à qui incombe la responsabilité de la situation faite à notre armée d'Espagne en 1812, à la suite de la prise par les Anglais de Badajoz et de Ciudad-Rodrigo.

Malgré l'état pitoyable de son armée (1), le maréchal Marmont n'avait pas hésité à soutenir le maréchal Soult, ce dont l'Empereur l'avait félicité (2); mais cette entente entre les deux maréchaux n'avait pu être de longue durée et le duc de Raguse, dans le courant de juin 1811, avait ramené son armée dans la vallée du Tage.

Une partie de la cavalerie et la 1re division sur la rive gauche du Tage occupaient Truxillo et le col de Miravete. Trois divisions étaient établies sur le Tage; une division était à Placencia; la 6e était à Avila. Des têtes de pont sur le Tiétar et sur le Tage permettaient de manœuvrer.

L'armée du Portugal, maîtresse des cols de Miravete et Banos ainsi que des passages sur l'Alagon et le Tietar, pouvait en quelques heures se masser pour manœuvrer dans la direction menacée; la cavalerie, observant Mérida, la vallée du Tage et au delà du col de Banos, pouvait renseigner en temps utile le maréchal Marmont; les can-

(1) Correspondance du duc de Raguse avec le duc d'Istrie.
(2) Berthier à Marmont, 10 juillet 1811.

tonnements étaient assez étendus pour permettre une alimentation relativement facile. Cependant on ne conçoit pas la raison qui imposa à Marmont le choix de Talavera comme quartier général.

Cette restriction faite, on doit convenir que toutes les éventualités étaient prévues. Cependant le duc de Dalmatie se plaignit d'être abandonné (1). Il aurait désiré que l'armée du Portugal poussât une avant-garde jusqu'à Mérida. Or cette avant-garde eût formé un détachement isolé, d'une force insuffisante pour s'opposer à une tentative des Anglais sur Badajoz. Le désir du duc de Dalmatie ne pouvait donc recevoir satisfaction.

Dès que le duc de Raguse eut installé son armée dans la vallée du Tage, il reçut des instructions de Berthier, alors à Paris.

Ces instructions (2) disaient en substance que le maréchal devait correspondre avec le Ve corps (3) et Ciudad-Rodrigo; qu'il était peu probable que Wellington entrerait en campagne pendant la canicule.

Dans la pensée de l'Empereur, le Midi était menacé. Cependant il avait envisagé toutes les éventualités et le duc de Raguse pouvait être appelé, suivant le cas, à manœuvrer « de concert » avec les armées du Nord, du Midi ou du Centre.

Le principal but que le maréchal devait poursuivre, ajoutait-il, devait être de se préparer à marcher plus tard sur le Portugal. Les trois armées du Centre, du Midi et du Portugal devaient faire alors un grand mouvement combiné !

Ces instructions, écrites de Paris, étaient, il faut

---

(1) Correspondance de Soult en juillet 1811.

(2) Berthier à Marmont, 10 juillet 1811.

(3) Napoléon pensait, en effet, que le Ve corps était en Estrémadure; mais Soult n'avait en Estrémadure qu'une division d'infanterie et six régiments de cavalerie. (Lettre de Soult à Marmont du 11 juillet.)

l'avouer, peu en rapport avec la situation des affaires. Napoléon se croyait obéi et il ne l'était pas; il comptait sur l'esprit de solidarité qui devait animer tous ses lieutenants, et cet esprit n'existait pas; enfin il croyait qu'il était possible de rassembler des ressources, et il n'y avait ni or (1), ni grains, ni chevaux, ni matériel. Volontairement il ne croyait pas aux difficultés de toutes sortes qu'on lui signalait : communications interrompues, mauvais vouloir des autorités civiles, militaires et du pouvoir central, jalousie des commandants d'armées, récoltes presque nulles, caisses vides, etc.

Le maréchal Marmont répondit de Naval-Moral, le 1er août 1811, qu'il ne fallait pas « compter sur le maréchal Soult »; que le général Dorsenne (2) ne lui envoyait ni attelages, ni bataillons de marche, malgré les ordres reçus (3); qu'une seule division, celle du général Foy, pouvait vivre à Truxillo; que, néanmoins, il irait vers le Midi s'il le fallait.

Le 24 août 1811, de nouvelles instructions partirent de Paris; elles avaient trait à la ligne de communication de l'armée du Portugal qui devait être sur Madrid, grand dépôt.

L'Empereur ajoutait que l'ennemi ne pouvait avoir que Cadix pour objectif et que toute entreprise sur le nord « serait insensée, car il trouverait partout des renforts considérables qui compromettraient son existence ».

L'Empereur ignorait complètement les préparatifs de Wellington.

Le duc de Raguse, mieux informé, écrivit que Ciudad-Rodrigo était sûrement menacée et que, de concert

---

(1) Voir la correspondance du maréchal Marmont avec le roi Joseph et le major général en 1811 et 1812.

(2) Commandant de l'armée du Nord, après Bessières.

(3) Le major général dut envoyer un aide de camp, le baron de Candeville, pour presser la marche des renforts de l'armée du Portugal.

avec l'armée du Nord, il allait réapprovisionner cette place (1). Il terminait par ces mots : « Je n'espère rien de Soult (2). »

Le 22 septembre, son avant-garde, après avoir franchi le col de Banos, atteignait Tamamès et se mettait en relations avec l'armée du Nord (15.000 hommes), qui avait repoussé quelques bandes galiciennes au delà d'Astorga et s'était ensuite rabattue vers le sud pour se joindre aux 26.000 hommes (cinq divisions) de Marmont.

L'armée anglaise put, nous l'avons vu, se retirer saine et sauve, après quelques engagements.

Le 7 octobre 1811, l'armée du Portugal était de retour sur le Tage (3) ; elle y arrivait au moment où la division Girard, de l'armée du Midi, à la poursuite des bandes de Morillo, venait de se laisser surprendre à Arroyo-de-Molinos (28 septembre 1811).

A cette époque, l'armée d'Aragon marcha sur Valence (bataille de Sagonte, 25 octobre 1811). A ce sujet le major général écrivit au maréchal Marmont que « la grande affaire du moment était la prise de Valence ».

« Vers la fin janvier, après la saison des pluies, vous devez vous porter, avec l'armée du Portugal et partie de celle du Midi sur Elvas et inonder l'Alemtejo (!), tandis que l'armée du Nord, renforcée d'une partie de l'armée de réserve (4), se portera sur la Coa et Alfayatès. »

Napoléon se berçait d'un rêve agréable, sans doute, mais irréalisable.

---

(1) Il n'y avait pas de temps à perdre. Le général Reynaud avait informé le maréchal qu'il n'avait des vivres que jusqu'au 25 septembre.

(2) Lettre du 16 septembre 1811. — L'Empereur, plein d'illusions, pensait que si Wellington s'avançait en Castille, le duc de Dalmatie le forcerait à se retirer bien vite en se portant sur Abrantès.

(3) L'armée du Portugal partit de Ciudad-Rodrigo le 29 septembre.

(4) Cette armée de réserve (divisions Reille et Cafarelli et bataillons organisés à Bayonne en deux divisions était destinée à remplacer en Espagne les troupes partant pour la Russie.

Le 21 novembre, afin de tranquilliser le duc de Raguse, il lui faisait écrire que l'armée anglaise avait 20.000 malades ! Le major général ajoutait :

« L'intention de l'Empereur est que 12.000 hommes (infanterie, cavalerie et sapeurs) marchent de suite sur Valence, que vous détachiez même 3.000 à 4.000 hommes sur les derrières pour maintenir les communications. »

Le maréchal se hâta d'obéir, non sans avoir fait observer les inconvénients de ce détachement. Le général Montbrun se mit en marche avec sa cavalerie légère et les 1re et 4e divisions.

L'ordre donné par le major général n'était pas clair. Il ne fut pas interprété de la même façon par le roi et le duc de Raguse ; il s'ensuivit que ce dernier crut devoir envoyer deux divisions sur Albacète (non compris la cavalerie) ; une troisième division prit la même direction, comme soutien.

Le reste de l'armée du Portugal fut ainsi réparti : une division à Avila, une autre à Talavera, une troisième sur le Taje.

Pour quelque temps et jusqu'au retour des troupes dirigées sur Valence, l'armée du Portugal était vouée à l'impuissance. Elle était incapable de toute entreprise d'autant plus que l'armée du Centre avait en partie évacué Madrid. Le roi avait, pour appuyer l'opération de Suchet, dirigé le général Darmagnac sur Cuença.

A la fin de décembre arrivèrent de Paris de nouveaux ordres de l'Empereur (1), modifiant du tout au tout les instructions précédentes et devant amener momentanément l'éparpillement des éléments entrant dans la composition des armées du Nord et du Portugal.

Il n'était plus question d'une campagne en Portugal. Il

(1) Ordres datés du 13 décembre 1811.

fallait avant tout garantir la Castille et le nord de la Péninsule contre l'armée anglaise.

Désormais toute la frontière du Portugal devait se trouver placée sous une même autorité; en conséquence l'armée du duc de Raguse devait disposer des provinces de Salamanque, Placencia, Ciudad Rodrigo, Avila, Léon et Asturies.

Les divisions Bonnet (Asturies) et Souham (Salamanque), de l'armée du Nord, lui étaient affectées.

Quant à l'armée du Nord, dont avaient dépendu jusqu'alors les territoires de Ciudad-Rodrigo et de Salamanque, son quartier général devait être Burgos.

Le duc de Raguse était invité à se rendre immédiatement à Valladolid.

Enfin renseigné sur les préparatifs de Wellington, l'Empereur ne pense plus que Cadix sera l'objectif des Anglais.

« La prise de Ciudad-Rodrigo, écrit-il, serait un grand malheur. Si les Anglais attaquent cette place, il faudra réunir votre armée et marcher droit à eux. »

Toute la pensée de l'Empereur est désormais concentrée sur la Castille. Malgré ses préoccupations au sujet des immenses préparatifs qu'il fait pour la guerre de Russie, il s'occupe encore de temps en temps des affaires d'Espagne, qu'il juge secondaires. Mais ses instructions sont rédigées fiévreusement, sans tenir compte des circonstances et des gens auxquels elles s'adressent.

L'exécution des ordres du 13 décembre était délicate, car elle entraînait l'évacuation de la vallée du Tage et le retrait vers Burgos de l'armée du Nord. Et ces mouvements devaient se faire en présence du corps Hill et au su de Wellington, toujours bien renseigné (1).

---

(1) Dans sa correspondance, Wellington s'est souvent plaint des difficultés qu'il trouvait à se procurer des renseignements. Certainement

Dans les premiers jours de janvier 1812, trois divisions se mirent en marche pour se porter au nord des montagnes.

La 6e division resta sur le Tage.

La 2e (Clausel) occupa Avila (1).

Les dragons, les 3e et 5e divisions passèrent la montagne, ainsi que les convois.

La 7e (Souham) était à Salamanque.

Les autres troupes revenaient d'Alicante (2).

Le 5 janvier, le duc de Raguse se mit en route pour Valladolid, où il arriva le 11 et où il installa son quartier général qui devint célèbre par son faste (3). Le 15 janvier, il apprenait l'entrée en campagne de Wellington et l'investissement de Ciudad-Rodrigo, au moment même où le duc de Dalmatie, trompé par des démonstrations, se croyait menacé par toute l'armée anglaise (4).

Cette nouvelle surprenait l'armée en flagrant délit de manœuvre au moment où la Garde, alors à Valladolid, rentrait en France, où deux divisions d'infanterie et la cavalerie légère étaient à Alicante (5) qu'aucune considération n'avait permis à Montbrun de prendre pour objectif.

Cependant les avertissements n'avaient pas manqué. Le 1er et le 3 janvier, le général Thiébault, alors à Salamanque,

---

les Espagnols ne voyaient pas sans crainte l'étranger combattre — ils le disaient du moins — pour leur indépendance.

Mais, en 1812, les populations étaient partout favorables aux Anglais. Ils savaient tout ce qui se passait dans les camps français.

(1) L'armée du Portugal y avait un parc d'artillerie.

(2) Le détachement Montbrun était à Yécla le 11 janvier, jour où il apprenait la reddition de Valence (1re et 4e divisions).

(3) Le général Thiébault, dont les Mémoires sont si intéressants, a dépeint admirablement la situation de cette malheureuse armée du Portugal. (T. IV, p. 571.)

(4) Lettre du maréchal Soult, 4 janvier 1812.

(5) Ce détachement ne pouvait pas être de retour sur le Tage avant le 26 janvier, et dans quel état !

à la tête de la division d'avant-garde de l'armée du Nord (3.200 hommes), avait rendu compte à Dorsenne et au duc de Raguse que « le siège allait commencer » (1).

Mais l'armée du Nord était « une véritable pétaudière (2) ». Le général Dorsenne, qui avait cependant Ciudad-Rodrigo sous son autorité, ne prit aucune résolution et le maréchal Marmont, comptant qu'il appartenait à son collègue d'arrêter la marche de l'ennemi, ne fit pas davantage, se contentant d'annoncer qu'il ravitaillerait bientôt la place (3).

Cette dernière, de l'avis même du général Dorsenne, ne pouvait soutenir un siège de plus de quinze jours en raison de l'effectif de la garnison (1.800 hommes, général Barrié) et de la facilité qu'avaient les Anglais pour cheminer dans les tranchées qu'avait construites le corps de Ney en 1810.

Dès les premiers jours de 1812, le 7 ou le 8 au plus tard, quatre divisions de l'armée du Portugal auraient dû être poussées sur Salamanque. L'armée du Nord, la première renseignée, aurait dû faire le mouvement plus tôt, le 3 ou le 4.

Le grand malheur que Napoléon avait voulu écarter (ordre du 13 décembre) arriva donc par le manque de caractère des chefs de l'armée du Portugal et de l'armée du Nord.

Au fond ces deux chefs ne s'aimaient pas. Le devoir était pour tous les deux de s'entendre, ce qui leur était facile puisqu'ils étaient à Valladolid. Ils ne le firent point et ils doivent tous les deux, devant l'histoire, être rendus responsables de cette surprise.

---

(1) Mémoires de Thiébault, t. IV, p. 550 et 551.

(2) *Ibid*, p. 575.

(3) Correspondance entre Marmont et Dorsenne. — Marmont écrivait qu'il fallait réapprovisionner la place.

Le 10 janvier 1812, l'armée anglaise avait commencé le siège de la place; le 18, le général Barrié se rendait.

Le 15 seulement, les divisions de l'armée du Portugal, en route pour se porter du Tage dans la vallée du Douro, avaient reçu l'ordre de se diriger sur Salamanque. Les 1re, 4e et 6e divisions étaient invitées à prendre la même direction (1).

En même temps le général Dorsenne mettait en route une division de jeune Garde (général Roguet, 6.000 hommes) avec de la cavalerie et de l'artillerie.

Le maréchal comptait disposer de 32.000 hommes du 26 au 27 janvier et de 40.000 hommes le 1er février (2).

Il était trop tard, « et, comme pour châtier à la fois les deux hommes qui avaient pu sacrifier leurs devoirs les plus sacrés aux plus indignes considérations (3) », l'armée était près de Salamanque lorsqu'on apprit que le général Barrié avait dû se rendre.

Les Anglais, après avoir mis garnison dans Ciudad-Rodrigo, se retirèrent derrière l'Agueda.

L'activité et la prudence de Wellington avaient été couronnées de succès. C'était une victoire morale et matérielle. Désormais les Français ne pouvaient pénétrer en Portugal qu'après avoir masqué ou pris la place qu'ils venaient de perdre. Ciudad-Rodrigo devenait pour les Anglais une place offensive, une menace pour l'armée française et, comme l'avait prévu l'Empereur, leurs avant-postes pouvaient occuper ou tout au moins surveiller la route de Salamanque à Placencia.

Marmont fut vivement blâmé d'avoir fait un aussi fort détachement sur Valence (22 et 23 janvier) et de l'avoir

---

(1) La 6e division était sur le Tage; la 2e (Clausel) était à Avila; les 1re et 4e revenaient d'Albacète; les 3e et 5e étaient en route; la 7e occupait Salamanque; la 8e était dans les Asturies.

(2) La division Foy (1re) n'arriva à Madrid que le 1er février.

(3) Le maréchal Marmont et le général Dorsenne traitèrent le général Barrié, qui avait fait son devoir, de « misérable » !

dirigé sur Albacète au lieu de Cuença. « Vous avez mal compris ses intentions ! » écrivait Berthier.

Le major général ajoutait qu'il s'agissait d'une diversion et non d'une grande opération militaire.

Mais il aurait dû se souvenir qu'il avait donné des ordres vagues. Le duc de Raguse lui rappela qu'il fallait détacher 12.000 hommes sur Valence et que, le roi n'ayant donné à Montbrun aucune troupe de l'armée du Centre (1), il avait dû augmenter l'effectif du détachement et le diriger sur Albacète au lieu de Cuença, les chemins allant de Madrid à Cuença et à Tarragone étant impraticables aux voitures, ce qui était fort exagéré (2).

Dans les premiers jours de février (1812), l'armée du Portugal se rassembla autour de Salamanque, puis s'étendit pour vivre plus commodément.

Elle était ainsi cantonnée :

Cavalerie légère et avant-garde (Montbrun) : Salamanque, que Marmont fit fortifier (couvents mis en état de défense) ;

Deux divisions (1re et 4e) dans la vallée du Tage ;

Une division à Avila ;

Trois divisions sur le Douro ;

Une division sur les revers des montagnes de Guadarrama ;

Un détachement : place d'Astorga.

Quartier général : Valladolid (3).

A peine l'armée avait-elle pris ces cantonnements que le duc de Raguse reçut d'inquiétantes nouvelles d'Anda-

---

(1) Le général Darmagnac (armée du Centre) était à Cuença.

(2) Des détachements de toutes armes avaient à plusieurs reprises atteint Cuença et de cette dernière ville gagné Valence (détachements espagnols et français).

(3) L'armée comptait 44.000 fantassins (dont 10.000 occupés à garder Almaraz, le col de Banos, le col de Perales, Zamora, Léon et Astorga) et 6.000 cavaliers.

lousie (1). Le duc de Dalmatie n'avait dans Badajoz que 4.000 hommes et le corps Drouet, laissé en Estrémadure, était trop faible pour arrêter la marche de l'armée anglaise si elle se présentait (2). Craignant pour Badajoz il avait prévenu son collègue.

Le duc de Raguse n'hésita pas à faire quelques mouvements vers Almaraz; mais l'alerte fut de courte durée et tous les corps purent prendre un repos mérité.

L'armée du Portugal était exténuée. Des marches rapides, des allées et venues continuelles avaient ruiné les forces physiques des hommes, et le succès des Anglais avait abattu leur courage.

Il était donc impossible de songer à de nouveaux efforts avant un certain temps.

La situation était grave, mais l'Empereur paraissait ne pas s'en douter. Il était cependant bien renseigné par le roi et les maréchaux, qui lui envoyaient des aides de camp.

C'est ainsi que Marmont, inquiet sur sa position, avait expédié à Paris le colonel Jardet pour lui exposer qu'il fallait réunir sous un même commandement les armées du Nord et du Portugal, et l'affranchir du devoir de secourir le Midi et Madrid (3).

Mais, par orgueil, l'Empereur ne voulait pas écouter les doléances de ses lieutenants. Il ne pouvait pas croire à la défaite possible; il jugeait mal les Anglais et jugeait trop bien ses propres troupes.

Peut-être sa pensée allait elle jusqu'à concevoir la possibilité d'en finir en une année avec Alexandre (4) et d'être libre, au retour, d'en découdre avec les Anglais. Ses

(1) Lettre de Soult à Marmont, 17 février 1812.

(2) Wellington disposait de 60.000 bons soldats.

(3) L'Empereur ne lisait plus lui-même la correspondance d'Espagne. Depuis un an, il avait laissé ce soin à Berthier.

(4) En avril 1812, les troupes françaises étaient sur l'Oder.

maréchaux n'étaient-ils pas de taille à tenir jusque-là en échec le duc de Wellington ? Et dès lors ne valait-il pas mieux rehausser leur courage en leur conseillant de lutter quand même, tout en feignant d'ignorer leur détresse.

Le 11 février 1812, le major général écrivait au duc de Raguse : « L'intention de l'Empereur est que vous vous placiez à Salamanque dans une situation de guerre offensive.

» Menacez Ciudad-Rodrigo, Alameida, Oporto ; soyez sûr qu'avec de pareilles dispositions lord Wellington ne détachera pas un homme dans le Midi. Ne restez pas à Valladolid, cela est trop loin. Faites occuper les Asturies. »

Dans la pensée de l'Empereur, la masse devait être à Salamanque, une seule division suffisant à observer la vallée du Tage. Il est certain qu'ainsi placée l'armée du Portugal immobilisait l'armée anglaise sur la Coa. C'était le moyen le plus simple et le plus rationnel. Mais le maréchal répondit qu'il n'avait pas de magasins, que la dispersion des divisions s'imposait et que la situation matérielle et morale de l'armée lui interdisait de prendre une attitude offensive. Il ajoutait que Wellington s'apprêtait à se porter sur la rive gauche du Tage et qu'il fallait se placer de façon à pouvoir marcher sur Mérida.

C'était dans dans cette intention que les divisions étaient ainsi placées :

Deux divisions dans la vallée du Tage ;

Une division à Avila ;

Une division sur les revers de la Sierra Guadarrama ;

Trois divisions sur le Douro et Salamanque.

Ainsi quatre divisions pouvaient être portées sur la rive gauche du Tage en quatre ou cinq jours, assez rapidement pour enrayer tout mouvement de l'armée anglaise sur Badajoz.

Ces dispositions, très judicieuses, étaient contraires

aux ordres venus de Paris. Le problème, qui consistait à sauver Badajoz, recevait donc deux solutions : l'une, celle de l'Empereur, logique, conforme au bon sens, surtout dans des conditions normales; l'autre, celle de Marmont, moins brillante, moins méthodique, mais plus en rapport avec les circonstances du moment.

Le 22 février, un resserrement de l'armée du Portugal sur sa gauche donna à réfléchir à Wellington, qui arrêta ses troupes déjà en marche sur Badajoz.

Cependant la situation de l'armée du Portugal était critique (1). Ses ressources étaient insuffisantes aussi bien pour exécuter une marche rapide sur Badajoz par Almaraz que pour menacer directement l'armée anglaise, et le maréchal Marmont ne voulait pas encourir la responsabilité d'un désastre. Il avait raison, puisqu'il ne partageait pas les vues de l'Empereur. Son esprit éclairé (2) lui donnait aussi à comprendre que les aigles françaises devaient succomber, puisqu'elles n'étaient pas réunies (3).

« On doit frémir, écrivait-il courageusement, du résultat infaillible de ce système suivi, avec diminution de

---

(1) Lettre de Marmont à Berthier, 23 février 1812.

(2) Marmont avait une solide instruction.

(3) Marmont a dans ses Mémoires (t. IV) indiqué très nettement les causes de nos revers en 1810-1811 et 1812.

« Après avoir créé comme à plaisir cette résistance qui devait nous être si funeste, Napoléon n'a rien fait pour la vaincre. Au contraire, il a semblé se livrer aux soins de diminuer les chances d'y parvenir. L'extrême division des commandements, à laquelle il n'a jamais voulu renoncer ; les rivalités de toute espèce, qu'il n'a jamais su réprimer ; son absence d'un théâtre où seul il pouvait faire le bien ; son refus habituel d'accorder les secours et les moyens les plus indispensables ; son obstination constante à fermer les yeux à la lumière et les oreilles à la vérité ; enfin, la manie à laquelle il n'a jamais voulu renoncer, de diriger de Paris les opérations dans un pays qu'il n'a jamais voulu ni étudier ni comprendre, ont complété la masse de maux dont les meilleures armées de l'Europe devaient être enfin les victimes. »

« Par malheur, dit justement M. E. Guillon (p. 321), il allait ajouter ses propres fautes à celles qu'il reprochait aux autres. »

moyens, au moment où l'Empereur s'éloigne de 300 lieues. »

Et il demandait à rentrer en France (1).

L'Empereur fit la sourde oreille et ne répondit pas.

Quelques jours auparavant, persistant dans son idée première, il avait formellement prescrit au commandant de l'armée du Portugal d'abandonner tout projet de se réunir à l'armée du Midi par Almaraz à Mérida et de se préparer à envahir le Portugal en mai.

Dans les deux lettres du 11 et du 18 février (2), l'Empereur disait en substance :

« La véritable route de Lisbonne est par le nord, où sont les hôpitaux et les magasins de l'ennemi. Combattez tous les jours, préparez-vous. Tenez votre armée vers Toro et Benavente. Vous pouvez réunir 50.000 hommes à Salamanque et il n'y a devant vous que 30.000 Anglais ! Retranchez Salamanque, mais évitez de faire des travaux de camp retranché qui n'appartiennent qu'à la défensive et qui avertiraient l'ennemi. Si Wellington marche sur Badajoz, laissez-le aller et marchez droit sur Alameïda, et poussez des pointes sur Coïmbre. Wellington reviendra bien vite sur vous. »

Le 21 février, Berthier écrivait encore à Marmont dans le même sens et faisait remarquer qu'il fallait renvoyer la 8e division (Bonnet) dans les Asturies (3), afin de couvrir la droite de l'armée.

---

(1) Lettre du 23 février, portée par le colonel Jardet.

(2) La lettre du 18 février contenait des reproches justifiés sur l'attitude de l'armée du Portugal lors de la reddition de Ciudad-Rodrigo. Cette lettre contient cette leçon : « La guerre est un métier de positions, et 12.000 hommes ne sont jamais engagés quand ils ne le veulent pas ; à plus forte raison 30.000, surtout lorsque ces 30.000 sont suivis par d'autres troupes. »

(3) Dans ses Mémoires (t. IV, p. 320) Marmont parle de cette division en termes tels qu'il montre combien peu il avait compris la conception de l'Empereur. Ce dernier avait cependant insisté à

Marmont obéit à contre-cœur (1), car avec les moyens dont il disposait il ne se sentait pas capable de pénétrer en Portugal. Les vivres étaient insuffisants, les transports manquaient et il n'avait pas de parc de siège.

Le 12 mars, informé du rappel vers le nord des divisions de l'armée du Portugal laissées sur le Tage, Wellington quitta définitivement ses cantonnements sur la Coa et marcha sur Badajoz. Le 16, il paraissait devant cette place avec 50.000 hommes, déterminé à en pousser vivement le siège (2).

Le 31 mars, l'armée du Portugal (3), après avoir investi Ciudad-Rodrigo et Alameida, se porta sur Celerico et jeta l'alarme jusqu'à Coïmbre; mais bientôt la nouvelle de la prise de Badajoz (7 avril 1812) et du retour de Wellington sur le Tage arrêta le duc de Raguse.

Le 25 avril, il était de retour à Salamanque. Sa pointe en Portugal, habile conception (4) de l'Empereur, tellement habile que le général anglais, très inquiet, revint très rapidement, avait été inutile (5) pour plusieurs raisons : 1° elle fut commencée trop tard, alors que Wellington était déjà parvenu sur le Tage; 2° elle fut entamée sans moyens suffisants; 3° elle répugnait au commandant en chef (6).

---

plusieurs reprises sur la nécessité de se couvrir du côté des montagnes et montré que la possession des Asturies était indispensable, que l'armée du Portugal prît l'offensive ou restât sur la défensive.

(1) Marmont à Berthier, 2 mars 1812.

(2) L'assaut du 6 avril coûta plus de 3.000 hommes à l'armée anglaise; le siège lui en coûta plus de 6.000.

(3) Marmont avait cinq divisions

(4) Napier, *Histoire de la guerre dans la Péninsule*, L. XX, chap. VII.

(5) Au moment où Badajoz se rendait, Soult arrivait à Llerena avec 24.000 hommes. Wellington aurait pu marcher à sa rencontre avec les 44.000 hommes qui lui restaient; mais son inquiétude fut si grande en apprenant que Marmont avait franchi la Coa, qu'il ne songea pas un instant à accabler le duc de Dalmatie.

(6) Marmont à Berthier, 2 mars 1812.

Le maréchal Marmont (1), en réponse aux ordres de l'Empereur (18 février) avait en effet écrit à Berthier (2) qu'il allait obéir, mais que l'Empereur se trompait absolument.

Ce dernier fut certainement frappé par les arguments (manque de moyens, etc.) du maréchal, car il rapporta les ordres si fermes du 11 et du 12 février, en autorisant le duc de Raguse à faire filer sur le Tage, si les circonstances l'exigeaient, autant de divisions que lord Wellington en aurait fait filer pour faire le siège de Badajoz (3) et en mettant toutes les armées d'Espagne (4) sous les ordres du roi Joseph.

Les nouvelles instructions de l'Empereur parvinrent au duc de Raguse alors que les ordres du 18 février étaient en voie d'exécution et que l'armée était au delà de Salamanque (5).

L'armée aurait pu changer de direction et, par le col de Banos, marcher droit sur Almaraz, où l'avant-garde serait arrivée le 1er avril.

Le maréchal ignorait ce qui se passait à l'armée du Midi et quelle pouvait être la durée de résistance de Badajoz. Il avait donc, puisque c'était son idée favorite, tout intérêt à marcher sur Mérida pour essayer de se joindre à l'armée du Midi. Mais il hésita à changer de ligne d'opérations, ne croyant pas, dit-il, pouvoir passer avec une armée par cette contrée, dévastée depuis plusieurs années, qui s'étend de Salamanque à la Guadiana.

Il est du reste certain que ce mouvement n'aurait pu entraver le siège de Badajoz déjà commencé (cette place se rendit le 7 avril), attendu qu'il y a plusieurs marches

(1) Le duc de Raguse n'avait pas été relevé de son commandement.
(2) Marmont à Berthier, 2 mars 1812.
(3) Instructions du 12 mars 1812.
(4) Ordre du 16 mars 1812.
(5) Marmont à Berthier (Salamanque, 27 mars 1812).

d'Almaraz à la Guadiana. Un simple détachement aurait d'ailleurs suffi pour retarder la marche de l'armée du Portugal et lui faire perdre plusieurs jours.

Le duc de Raguse continua sa marche sur l'Agueda (1). Il était déjà de retour à Salamanque (25 avril 1812) lorsque lui parvint l'avis que l'Empereur lui laissait « carte blanche » (2).

On peut regretter que cet ordre n'ait pas été donné plus tôt, car Marmont aurait alors marché sur Mérida. Le mouvement sur Truxillo n'était pas préparé, c'est vrai ; mais à la guerre il faut savoir tenter l'impossible et une armée qui se compromet pour faire un suprême effort n'est pas déshonorée.

Napoléon fut « aussi affligé qu'irrité » (3) de voir tomber les deux places qui, placées aux portes de l'Andalousie et de la Castille, avaient, au point de vue offensif comme au point de vue défensif, une si grande importance. Il s'en prit à Soult, qui « disposant de 80.000 hommes ! » n'avait rien fait et à Marmont qui avait mal compris ses instructions.

Dans ses Mémoires, le duc de Raguse rejette toute la responsabilité sur l'Empereur, « atteint, dit-il, de fièvre chaude » !

Certainement l'Empereur a eu des torts et, entre tous, celui de ne pas avoir concentré le commandement en une seule main ; mais il ne faut pas oublier que le duc de Raguse manquait de caractère et qu'il se croyait cependant supérieur à « tous les généraux de son temps (4) ». Napoléon

---

(1) Marmont à Berthier (Salamanque, 27 mars 1812).

(2) Berthier à Marmont, 16 avril 1812. L'armée française arrivait alors sur la Vistule. Napoléon était encore à Paris.

(3) Thiers, t. XIII, L. XIII, p. 377. — M. Thiers, au point de vue militaire, ne doit être consulté qu'avec beaucoup de circonspection.

(4) Mémoires du général Fabvier (Plon, à Paris, p. 87).

l'estimait et l'excès de faveur dont il jouissait « avait développé en lui une vanité (1) qui devait le perdre ! (2) »

Le commandement qu'il exerçait était au-dessus de ses forces. Il avait oublié, dans son fastueux gouvernement de l'Illyrie, la conduite des troupes. Il se plaisait à donner dans son palais de Valladolid (3) des bals et des fêtes somptueuses et se plaignait que son armée n'avait pas une ration !

---

(1) Mémoires du général Fabvier (Plon, à Paris, p. 87). Le général Fabvier, connaissait bien le Maréchal, ayant servi près de lui.

(2) Cuvillier-Fleury : « Les Mémoires du duc de Raguse ne sont pas seulement le monument de l'orgueil, c'en est le triomphe. »

(3) Mémoires du général Thiébault, t. IV.

CHAPITRE VII

SITUATION EN MAI 1812

Napoléon partit pour Dresde le 9 mai 1812. Avant son départ il avait donné au roi Joseph le commandement des armées d'Espagne (1).

La situation était grave.

Le IIIe corps (duc d'Albuféra) était à Valence; mais il était affaibli et son effectif ne lui permettait pas de passer le Xucar.

L'armée du Midi (duc de Dalmatie), en flèche au fond de l'Andalousie, était immobilisée et n'avait que des communications difficiles avec Madrid. Elle s'épuisait à vouloir conquérir les places de Cadix et Tarifa. En raison de son effectif réduit, les corps d'armée avaient été supprimés; elle comptait six divisions.

L'armée du Portugal (duc de Raguse), menacée directement par l'armée anglaise, avait une infériorité numérique incontestable.

L'armée du Centre ne pouvait évacuer Madrid sans crainte d'une révolution.

L'armée du Nord (Dorsenne, puis Cafarelli) était entièrement dispersée, à la poursuite des bandes.

Enfin l'armée de Catalogne (Decaen) était à peine suffisante pour garder les places chèrement conquises.

Les provinces étaient épuisées; le trésor était vide, la misère était partout (2).

---

(1) Lettre reçue à Madrid le 28 mars 1812.

(2) Le pain vaut 30 sous la livre en 1812, à Madrid.

« L'Empereur, dit le maréchal Jourdan, avait pour maxime que la guerre doit nourrir la guerre, et il continua à traiter l'Espagne en pays conquis. Les Espagnols ne virent dans chaque Français qu'un ennemi, un spoliateur, et dans le roi, dont ils ne pouvaient apprécier les vertus et les nobles sentiments, qu'un instrument de la tyrannie de Napoléon. Ils persistèrent dans la glorieuse résolution de reconquérir leur indépendance (1). »

Le roi, nous l'avons dit, ne fut pas obéi, malgré l'ordre de l'Empereur, et, en fait, il ne put commander que lorsqu'il eut sous la main, après une bataille perdue, les armées du Midi, du Centre et du Portugal.

La solde était arriérée ; il n'y avait pas de chevaux ; les équipages manquaient ; il n'y avait pas de magasins.

Pendant ce temps, l'Empereur « s'avançait vers le nord, laissant la France épuisée et dégoûtée (2) d'une gloire sanglante, les âmes pieuses blessées de sa tyrannie religieuse (3) ; l'Europe enfin révoltée du joug étranger qu'il faisait peser sur elle (4) ».

L'Angleterre, après l'assassinat de M. Perceval (11 mai 1812), aurait voulu la paix ; mais l'Empereur était déjà en marche sur le Niémen et « cette guerre, qui ouvrait des perspectives toutes nouvelles à la politique de M. Pitt, ne permettait pas qu'on changeât de direction (5) », surtout en un moment où une guerre avec l'Amérique était imminente.

Lord Castelreagh, ministre des affaires étrangères, par-

---

(1) Mémoires de Jourdan, p. 292.

(2) Les réfractaires étaient au nombre de 60.000. Après la mauvaise récolte en blé en 1811 (l'hectolitre se payait 70 francs) était venue la disette.

(3) Concile de 1811.

(4) Emeutes en Hollande à cause de la conscription ; révolte des régiments étrangers ; mutineries en France à l'occasion de la levée des cohortes.

(5) Thiers, t. XV, l. XLII, p. 10.

tisan de la guerre à outrance, fut alors appelé aux affaires par le prince régent.

Le 15 avril 1812, l'armée française avait encore l'effectif respectable de 233.000 hommes (1).

Armée du Centre : 9.500 Français, 5.800 Espagnols, dépôts.

Armée du Midi : 56.427 hommes.

Armée du Portugal : 52.618 hommes.

IIIe et VIIe corps (Suchet) : 60.640 hommes.

Armée du Nord : 48.232 hommes.

Mais ces armées étaient loin les unes des autres, ayant des objectifs divers. Il n'y avait pas un généralissime capable d'imposer sa volonté soit par son talent, soit par ses vertus.

Ces armées devaient nécessairement succomber.

---

(1) Effectif total, bien inférieur à celui des présents.

CHAPITRE VIII

OPÉRATIONS DE WELLINGTON EN CASTILLE MANŒUVRE DE SALAMANQUE

Le 25 avril 1812, l'armée du Portugal était ainsi établie :

1re division : dans la vallée du Tage, près d'Almaraz.

2e division : Avila.

3e division : Valladolid.

4e division : Toro.

5e division : Salamanque.

6e division : Médina del Campo.

7e division : Zamora.

8e division : Asturies.

Cavalerie légère : entre Tormès et Douro.

Dragons : Médina del Rio Secco.

En cinq jours, six divisions (30.000 hommes environ) pouvaient être réunies à Salamanque, malgré l'étendue des cantonnements. Près de 5.000 hommes étaient détachés dans les places ; 2.000 gardaient les communications.

Cette armée était dans le dénûment le plus complet (1).

A la même date, l'armée anglaise avait de bons cantonnements; elle était bien ravitaillée et les Portugais étaient devenus bons soldats. Seuls les Espagnols étaient dans un état déplorable, conséquence des calamités qui accablaient leur patrie (2) et du désordre de l'administration. Welling-

---

(1) Il était dû six mois de solde à six divisions.

(2) Non-seulement l'Espagne était obligée de subvenir aux frais de l'armée française et de ses propres armées, mais elle devait encore faire la guerre en Amérique (révolte des colonies, 1810).

ton n'avait aucune confiance en eux, mais il les considérait comme des auxiliaires précieux.

Sans eux, sans Castanos en Galice d'abord, en Estrémadure ensuite; sans Ballesteros en Andalousie; sans Mendizabal, Villacampa l'Empecinado et Mina dans le nord, les armées françaises eussent pu mettre en ligne en Castille un nombre double de combattants et vivre facilement.

Sans compter les armées régulières, l'Espagne avait ainsi, répartis en plusieurs groupes, 30.000 à 50.000 soldats recrutés parmi les moines, les étudiants, les réfractaires et les déserteurs de tous les pays, les étrangers servant dans l'armée française apportant le plus fort contingent.

L'armée anglo-portugaise comptait 55.000 hommes instruits, répartis en huit divisions anglaises (1).

Elle était ainsi cantonnée :

Corps Hill, 15.000 fantassins, 2.000 cavaliers, 24 pièces : aux environs de Badajoz;

Armée du duc de Wellington, 36.000 fantassins, 3.500 cavaliers, 54 pièces : aux environs de Fuente-Guimaldo, au sud de Ciudad-Rodrigo;

Général d'Urban (1.200 cavaliers portugais) : dans le Tras-os-Montes.

Tout donnait à penser que Wellington voulait déboucher en Castille (2). Cependant le duc de Dalmatie se refusait à croire que l'armée du Portugal était menacée. Dans sa pensée, le danger n'était pas de ce côté; Wellington avait tout intérêt, disait-il, à envahir l'Andalousie pour faire lever le siège de Cadix, ruiner l'arsenal français de Séville (3) et chasser l'armée du Midi de la riche province qu'elle occupait.

Le roi Joseph, qui n'était commandant en chef que de

---

(1) Les régiments portugais étaient mêlés aux régiments anglais.

(2) Marmont à Joseph, 3 mai 1812. — Cette lettre donne des renseignements positifs sur la situation de l'armée anglaise.

(3) L'arsenal de Séville avait été créé par le duc de Dalmatie.

nom, ne put obtenir de Soult que des demi-mesures. Vainement il lui écrivit que le succès des armées françaises dépendait « de l'accord ! » qui devait exister entre « les armées du Midi et du Portugal »; que l'objectif « principal était lord Wellington ». Le maréchal avait ses projets et ne voulait rien entendre. Il consentait bien, il est vrai, à laisser le comte d'Erlon (13.500 hommes) en Estrémadure; mais il lui avait interdit de suivre le corps Hill au delà du Tage, si celui-ci passait le fleuve. Drouet, d'après ses ordres, ne devait « pas perdre le contact de l'armée du Midi, sinon l'Andalousie était perdue (1) ».

La désobéissance des commandants des diverses armées françaises aux ordres du roi (2) allait être la cause d'une catastrophe.

Pendant que les généraux français méconnaissaient ainsi l'autorité de leur chef et discutaient ses ordres, le duc de Wellington faisait ses préparatifs pour envahir la Castille et porter un coup droit à son adversaire.

Afin d'empêcher tout mouvement d'Andalousie vers la Castille, il donna l'ordre, au mois de mai, au général Hill, de détruire par surprise le seul pont de bateaux que possédait l'armée française sur le Tage, celui d'Almaraz, défendu par trois petits fortins.

Bien conduite, l'opération, exécutée au moment où le duc de Dalmatie était occupé du côté de Cadix, réussit pleinement, sans que le général Foy (à Naval-Moral) et le général Darmagnac (armée du Centre, à Talavera) aient pu être avertis à temps de l'arrivée des Anglais.

Hill était, le 15 mai, à Truxillo (3).

---

(1) Soult au roi Joseph, 18 juin 1812.

(2) Joseph à Berthier, 25 mai 1812 : « Dorsenne m'écrit qu'il n'est pas sous mes ordres; Suchet ne me rend compte de rien; le duc de Dalmatie paraît ignorer mon commandement. »

(3) Napier, *Guerre de la Péninsule*, t. IX, L. XXI.

Dans la nuit du 16 au 17, ses troupes, formées en trois colonnes, se rapprochèrent de leurs objectifs, firent une nouvelle marche de nuit le 18 au soir et enlevèrent par surprise le fort Napoléon le 19 au matin.

Le pont était détruit.

Le 28 mai, Hill était de retour à Mérida sans avoir été inquiété par Drouet, dont la cavalerie était arrivée à San Benito.

De Merida, Hill surveillait le comte d'Erlon et le duc de Dalmatie; il était assez fort pour les retarder sérieusement s'ils marchaient sur Almaraz. L'armée du Portugal était donc isolée.

L'armée anglaise entra en campagne le 12 juin 1812. Le 14, Marmont, qui avait averti le roi, donnait l'ordre à ses divisions de se concentrer près de Salamanque; la 8e division (Asturies) (1) devait accourir sur le même point.

A la date du 8 juin, l'armée du Portugal était ainsi répartie :

1re division : Avila.

2e division : Fontiveros.

3e division : Valladolid.

4e division : Toro.

5e et 6e divisions : Salamanque.

7e division : Zamora.

8e division : Asturies.

Cavalerie légère : Salamanque.

Dragons : Toro et Benavente.

L'armée du Portugal pouvait être concentrée aux environs

---

(1) Napoléon avait cependant expliqué plusieurs fois la nécessité de laisser cette division dans les Asturies. Le général Bonnet n'avait pas attendu l'ordre de Marmont pour se rapprocher de Salamanque.

Le flanc droit de l'armée de Marmont se trouva ainsi découvert.

de Salamanque le 19 au matin tandis que les Anglais pouvaient arriver près de cette ville dans la journée du 16.

Ce jour-là, en effet, Wellington pénétrait dans la ville, mais son armée était fatiguée et lui-même un peu inquiet de sa hardiesse. Pendant deux jours, tout à la joie d'avoir pénétré en Castille, il essaya d'enlever de vive force les fortins construits par l'armée du Portugal; mais il ne put y réussir et, au lieu de marcher droit au but qui était l'écrasement de Marmont, il résolut d'attendre le parc de siège demandé à Ciudad-Rodrigo, donnant ainsi à l'armée du Portugal toute facilité pour se réunir.

Cette manière de faire la guerre est toute frédéricienne. Wellington a bien la volonté d'écraser son ennemi puisqu'il s'attache à l'isoler (1); mais il ne recherche pas la bataille, alors qu'il a toutes les chances de son côté, et il laisse à son adversaire le temps de se reconnaître. Il marche lentement et méthodiquement, sans idée de manœuvre; il ne frappe pas, il menace; voit-il luire l'épée adverse, il rompt parfois sans savoir pourquoi ou s'arrête pour parer le coup, et si alors il passe à la contre-attaque, c'est moins pour accabler l'ennemi que pour se dégager.

Ce jeu n'est pas celui d'un chef de génie.

Il a vaincu parce qu'il a trouvé devant lui une armée divisée, sans discipline et manœuvrant au hasard.

Le 23 juin, l'armée du Portugal, ayant toute sa cavalerie et cinq divisions d'infanterie, était concentrée sur le Trabancos, en face de l'armée anglaise immobile à San Christoval « dans une forte position (2) ». Le duc de Raguse venait de recevoir de Madrid la nouvelle de l'arrivée pro-

---

(1) Hill enlève le pont d'Almaraz le 19 mai.

Wellington, pour empêcher les armées du Nord et le corps Suchet d'intervenir, avait demandé à la flotte de faire des tentatives de débarquement sur les côtes de Biscaye et de Murcie.

(2) Mémoires du roi Joseph, t. IX, p. 195.

bable de Drouet (!) (1) et d'une division de l'armée du Nord.

Les lettres du roi à Dorsenne et au duc de Dalmatie devaient rester lettre morte.

Personne n'obéissait. Le duc de Dalmatie allait même jusqu'à donner au roi de faux renseignements, alléguant que Drouet n'avait pu traverser le Tage (lettre du 16 juillet) parce que les forces de Hill l'en avaient empêché! Or Drouet, par ordre, n'avait pas marché, comme le prouve la lettre de ce général, en date du 19 juin.

Quoi qu'il en soit, le duc de Raguse, était, le 23 juin, plein d'espérance; il avait 37.000 fantassins excellents, une bonne cavalerie (2) et une artillerie nombreuse. Il était décidé à rompre derrière le Douro, à répéter ainsi la manœuvre du VIe corps en 1809 (fin 1809), jusqu'au moment où les renforts annoncés l'auraient rejoint.

Le 27 juin, les forts de Salamanque ayant capitulé Wellington fit un bond en avant (30, sur la Guarena; 1er juillet, sur le Trabancos; 2 juillet, à Medina del Campo) et Marmont passa le Douro à Tordesillas. L'armée du Portugal tenait fortement les points de passage de Toro et Tordesillas (3).

Toujours prudent, Wellington s'arrêta et plaça son quartier général à Rueda pour attendre que certains gués reconnus fussent devenus praticables et surtout que les Galiciens eussent le temps de se porter sur l'Esla afin de menacer la droite des Français. Castanos (15.000 hommes) devait assiéger Astorga; Silveira et Santocildes (8.000 hommes) devaient exécuter le mouvement débordant au nord du Douro.

---

(1) Le comte d'Erlon ne pouvait pas rejoindre, cela sautait aux yeux.

(2) La cavalerie était peu nombreuse. Il avait fallu courir sus aux brigands.

(3) Marmont avait fait sauter les ponts de Zamora et de Toro.

Pendant ce temps d'arrêt, Marmont avait été rejoint (8 juillet) par la division Bonnet qui avait, sans ordres, évacué les Asturies, laissant ainsi toute liberté aux Galiciens pour menacer les derrières de l'armée. Le général Cafarelli écrivait que la flotte anglaise menaçait les côtes de Biscaye et qu'il ne pouvait faire aucun détachement pour soutenir l'armée du Portugal, surtout depuis l'abandon des Asturies. De son côté le roi ne pouvait se décider à quitter Madrid pour joindre Marmont avec tout ou partie de l'armée du Centre (1).

Le duc de Raguse se vit réduit à ses propres forces et résolut d'obliger malgré tout l'armée anglaise à la retraite, avant que Hill entrât en ligne. Il pensait avec raison qu'il fallait manœuvrer prudemment, ne pas exposer son armée à un nouveau Busaco, mais qu'il était nécessaire d'agir au plus vite et avant la prise d'Astorga par les Galiciens.

Ayant attiré par une feinte le centre et la gauche de Wellington vers Toro (15 juillet), il franchit le Douro à Tordesillas dans la nuit du 16 au 17, occupa Nava del-Rey et bouscula les divisions anglaises laissées sur le Trabancos, sous le commandement du général Cotton (2). La cavalerie de l'armée du Portugal n'était pas malheureusement assez nombreuse pour achever la victoire et l'infanterie, épuisée par la chaleur, avait été obligée de faire halte.

Le 19, Marmont était en face de toute l'armée anglaise défendant les passages de la Guarena.

Le passage de vive force étant impossible, Marmont remonta la Guarena et la passa sans difficultés (20 juillet).

Alors commença dans les deux armées une série d'évolutions extraordinaires et processionnelles, à portée de

---

(1) Cette lettre arriva le 12 au quartier général.

(2) Wellington rejoignit ces divisions et faillit être pris dans une charge.

fusil, l'armée française (1) menaçant de devancer les Anglais sur la Tormès et de les couper de leurs communications avec Ciudad-Rodrigo et Almeida, et ceux-ci (2) se retirant parallèlement aux Français sur la fameuse position de San Christoval.

Le 21, les deux armées franchirent la Tormès, l'armée française à Alba que la garnison espagnole avait abandonné, l'armée du duc au nord de Huerta.

Wellington, qui connaissait par son service de renseignements l'arrivée prochaine de renforts à l'armée du Portugal (3), ne pensait qu'à se retirer derrière l'Agueda. De son côté Marmont ne songeait pas à livrer bataille.

Le 22, les Français occupèrent une des deux hauteurs

---

(1) Armée française du Portugal, 15 juin 1812 :

1re division,	Foy	5.138	hommes.
2e —	Clausel	7.400	—
3e —	Férey	5.540	—
4e —	Sarrut	5.050	—
5e —	Maucune	5.270	—
6e —	Brenier	5.020	—
7e —	Thomières	6.350	—
8e —	Bonnet	6.680	—
Cavalerie légère,	Curto	1.385	—
Dragons	Boyer, —	1.390	—
Total :		49.223	— dont 42.000 présents.

(2) Armée anglaise :

Anglais. — Infanterie : 7 divisions.....	22.060	hommes.	
Cavalerie : 1 division	3.300	—	25.360
Portugais. — Infanterie : 7 divisions, 2 brigades	16.000	—	
Cavalerie d'Urban	1.500	—	17.500
Espagnols. —			3.500
Total			46.360

(3) Cafarelli s'était enfin décidé à envoyer un secours à l'armée du Portugal.

nommées les Arapiles (division Bonnet). L'armée anglaise occupait l'autre (petit Arapile).

La matinée se passa en manœuvres sans importance, les deux armées s'observant (1).

Par une fatale impatience le duc de Raguse, voulant écraser l'arrière garde de son adversaire, étendit sa gauche (division Thomières) et rapprocha son centre de la ligne anglaise. Ces mouvements amenèrent une mêlée générale et Wellington riposta par l'entrée en ligne de quatre divisions massées, bien en main.

L'attaque intempestive et par suite désordonnée des Français fut repoussée et, les unes après les autres, leurs divisions furent rejetées sur Alba.

Le maréchal Marmont avait été grièvement blessé au moment où il donnait des ordres pour arrêter ses divisions qui, n'ayant pas compris sa pensée, se lançaient à l'attaque.

Le général Bonnet au cours de la lutte avait été lui-même frappé et obligé de céder le commandement au général Clausel qui, avec beaucoup de sang-froid, sut organiser la retraite. Les divisions Férey et Sarrut au centre, la division Foy à droite (à Calvarossa de Ariba) arrêtèrent les Anglais et, dans la nuit, l'armée put repasser la Tormès.

C'était une victoire inespérée pour Wellington. Il ne voulait pas combattre, et les fautes des Français lui fournirent l'occasion de les battre complètement (2). Il eut le talent de saisir cette occasion et l'exécution de sa contre-

(1) Le maréchal Marmont avait ses divisions à 2.000, 2.500 mètres au plus des Anglais.

(2) Les Français eurent 5.000 à 6.000 hommes hors de combat, deux divisionnaires tués (Férey et Thomières), trois généraux en chef blessés.

Les pertes des Anglais furent à peu près les mêmes (un général tué, Beresford ; Cotton, Leith et Cole, blessés).

attaque fait le plus grand honneur aux généraux et soldats anglais.

Le 23 juillet, le général Clausel, doué de beaucoup de coup d'œil sur le terrain, soldat énergique, était en pleine retraite sur Peneranda, en très bon ordre. Le général Foy, à l'arrière-garde, se retirait sans être entamé par la cavalerie anglaise.

Le 24, le quartier général était à Arevalo.

Il n'y eut pas de poursuite. Trompé par les habiles dispositions du nouveau commandant de l'armée du Portugal, Wellington laissa cette armée se rapprocher de celle du Centre.

Si ces deux armées se réunissaient, c'était cependant une nouvelle bataille en perspective et dans les conditions les meilleures pour les Français, malgré l'abattement qu'avait causé la défaite des Arapiles.

Cette réunion fut sur le point de se faire.

L'armée du Centre aurait pu partir le 17 juillet (1), mais on attendit la division Palombani !

Le 21 juillet seulement, après de longues hésitations, le roi, au courant de la situation du duc de Raguse sur le Douro, sachant que le maréchal ne pouvait compter ni sur Soult, ni sur Cafarelli, résolut de rejoindre l'armée du Portugal.

Le 21, il se mit en marche avec 13.000 hommes (2) et prévint Marmont.

Le 23, il arrivait à Villacastin et sa cavalerie atteignait Fontiveras.

Le 24, il était à quelques heures de marche de l'armée du Portugal.

---

(1) Mémoires du roi Joseph, t. IX, p. 214.

(2) 10.000 fantassins et 2.300 cavaliers ; 3.500 hommes étaient laissés à Madrid où venait d'arriver la division Palombini. (Mémoires de Jourdan.)

Dans la nuit du 24 au 25, il apprenait la défaite du 22 par des lettres datées d'Arevalo. Le général Clausel l'informait qu'il allait repasser au plus tôt le Douro pour sauver le dépôt de Valladolid et se rapprocher de Cafarelli qui disposait alors de 17.000 fantassins et 15.000 cavaliers (1).

Le roi aurait pu joindre son lieutenant, mais il préféra retourner à Madrid (5 août).

Clausel disposait de 35.000 hommes. Avec les 13.000 que lui aurait amené le Roi, avec les secours que le général Cafarelli s'était décidé enfin à lui envoyer (2.000 hommes et 8 pièces), il lui eût été possible de battre Wellington ou tout au moins de le forcer à être fort circonspect, ce qui eût beaucoup diminué l'effet moral qu'avait produit la défaite du 22 juillet.

Cette journée eut un effet immense dans toute la Péninsule. Elle réveilla l'énergie des partisans, accrut la réputation du général anglais et démoralisa l'armée française, chefs et soldats (2).

Dans ses Mémoires, le duc de Raguse s'est défendu d'avoir livré une bataille sans avoir les moyens de la gagner.

L'Empereur reçut la nouvelle de la défaite au commencement de septembre en Russie. Le colonel Fabvier lui en fit le récit qui l'irrita à tel point qu'au mois de novembre (le 14), le maréchal étant guéri de sa blessure, il lui fit adresser par le ministre quelques reproches dont voici le résumé :

1° Vous deviez prendre les ordres du roi et ne pas abandonner Salamanque sans le prévenir ;

C'est une insubordination formelle.

2° Vous avez passé à l'offensive sans ordres ;

3° Vous avez livré bataille sans ordres ;

---

(1) Divisions Abbé, Dumoustier, Vander Maësen.

(2) Lettre de Decaen au ministre, 2 septembre 1812.

4° Il fallait attendre les renforts qui arrivaient.

Le maréchal répondit :

1° Je savais que je ne devais compter sur aucun secours ;

2° Les Galiciens menaçaient ma droite ;

3° Le roi m'a ordonné d'attaquer (18 juin) si Hill ne se présentait pas ;

4° C'est l'ennemi qui m'a attaqué le 22 juillet (1).

Ce plaidoyer manque de franchise et tout esprit sincère déclarera, après avoir pris connaissance de la correspondance du maréchal avec le Roi, qu'il pouvait et devait attendre les secours qui lui arrivaient. Il pouvait très bien temporiser et manœuvrer au sud du Douro pour se rapprocher de l'armée du Centre..

Enfin il a eu le tort de ne pas mettre, le 22 juillet, ses divisionnaires au courant de ses intentions.

Dans la lettre que Napoléon écrivit de Ghiast (2 septembre) à Clarke, nous lisons : « On est fondé à penser que le duc de Raguse a craint que le roi ne participe au succès et qu'il a sacrifié à la vanité la gloire de la patrie et l'avantage de mon service. »

L'Empereur exagérait en exprimant ainsi son mécontentement. Mais, comme il connaissait bien les faiblesses de ce maréchal toujours confiant en ses talents, jamais heureux (2) !

Ce qui le perdit, ce fut de se croire supérieur à Wellington qui jouait serré et qui, sans manœuvrer bien, manœuvrait mieux que lui.

Le passage du Douro témoigne du talent du duc de Raguse : il avait su tromper le duc de Wellington, dont l'aile droite fut un instant fort compromise ; mais que penser d'un maréchal, élève de l'Empereur, qui fait une marche processionnelle et exécute un défilé à portée de fusil

---

(1) Marmont à Clarke, Bayonne, 19 novembre 1812.
(2) Thiers, t. XV, L. XLVI.

de l'armée anglaise, pensant qu'il suffira de menacer la ligne de communication de cette armée, pour en finir aveo elle !

Que sont devenues les leçons du maître ?

La lettre que ce dernier avait écrite de Dresde, le 28 mai 1812 (1), est la condamnation des opérations du duc de Raguse. L'Empereur prévoyait une catastrophe et il écrivait à Clarke :

« Je suppose qu'il s'est retiré devant lord Wellington selon les règles de la guerre, en l'obligeant à se masser et non en se reployant devant sa cavalerie légère ; qu'il aura conservé ses têtes de pont sur l'Agueda (2) ! ce qui peut seul lui permettre d'avoir des nouvelles de l'ennemi tous les jours et de le tenir en respect. Que si, au contraire, il a mis 30 lieues d'intervalle entre l'ennemi et lui, comme il a déjà fait deux fois contre tous les principes de la guerre, il laisse le général anglais maître de se porter où il veut, il perd constamment l'initiative et n'est plus d'aucun poids dans les affaires d'Espagne.

» En général, pour parer aux mauvaises manœuvres et à la mauvaise direction que le duc de Raguse donne à nos affaires, il est nécessaire d'avoir beaucoup de monde à Bayonne.....

» Ce sera au moyen de cette réserve que, si le duc de Raguse continue à faire des bévues, on pourra empêcher le mal de devenir extrême. »

L'Empereur ne devait pas laisser à la tête de l'armée du Portugal un chef en qui il n'avait pas de confiance et qui comprenait mal l'esprit de ses instructions.

---

(1) Cette date est antérieure d'un mois à la marche en avant de Wellington. L'Empereur s'attendait à la reprise des hostilités.

(2) L'Empereur avait des illusions, il croyait ses maréchaux aussi forts que lui.

CHAPITRE IX

ENTRÉE DES ANGLAIS DANS MADRID
ÉVACUATION DE L'ANDALOUSIE

Le roi ne l'ayant pas rejoint, le général Clausel se retira sur Burgos et évacua Valladolid.

La Castille appartenait aux Anglais,

Wellington avait laissé filer l'armée du Portugal sans l'inquiéter. Il était heureux du résultat acquis et n'avait qu'un désir, celui d'entrer dans Madrid en libérateur de la nation espagnole. Les considérations politiques l'emportèrent donc sur les considérations militaires, qui exigeaient l'écrasement complet des forces françaises existant entre Bayonne et Madrid. Le 10 août, vingt jours après la bataille de Salamanque, il s'achemina vers la capitale, à travers les passes du Guadarrama qui ne furent même pas défendues. Un détachement de 8.000 hommes observait l'armée du Portugal.

La cour du roi Joseph, les fonctionnaires et les familles des *Afrancesados* (en tout 2.000 à 3.000 voitures et 10.000 personnes) avaient quitté Madrid dans le plus grand désordre (1), sous l'escorte de l'armée du Centre. Le roi s'était décidé à réunir à Valence son armée, le corps Suchet et l'armée du Midi (2).

Cette retraite donna lieu à des scènes regrettables (3).

---

(1) E. Guillon, *les Guerres d'Espagne sous Napoléon*, p. 331.
(2) Joseph à Clarke, 17 août 1812.
(3) Thiers, t. XV, L. XLVI, p. 114.

Les soldats pillèrent le convoi; les Espagnols de la garde royale désertèrent; des guérillas harcelèrent la colonne et plusieurs fugitifs moururent de fatigue et de faim.

Le 12 août, Wellington entrait dans Madrid en triomphateur et s'installait au palais des Rois, en même temps que l'Empecinado, avec ses guérillas, prenait possession de la ville pour y ajouter au trouble et à la confusion par des mesures révolutionnaires (1).

Le 25 août, l'armée du Centre, après des souffrances inouïes (2), était arrivée à Almanza, que la division Harispe (du corps Suchet) venait d'atteindre. Le maréchal Suchet s'empressa d'accueillir, au milieu de ses troupes qui vivaient dans l'abondance, les régiments du roi et tous les malheureux qui avaient quitté Madrid pour fuir la vengeance de leurs compatriotes. Il mit à leur disposition argent et vivres; il dépensa sans compter.

Bientôt allait arriver l'armée du Midi, à qui le roi avait envoyé (17 août) l'ordre formel d'abandonner Cadix, Séville, Grenade, et de se réunir à lui.

Le duc de Dalmatie ne pouvait se décider à évacuer l'Andalousie. Grand capitaine malgré ses fautes et ses faiblesses, il avait écrit, le 12 août, au roi Joseph pour le décider à marcher sur Séville.

Il lui disait avec raison (3) :

« Dans l'état où étaient les affaires d'Espagne, une bataille ne devait se donner qu'à la dernière extrémité.....

» Que Votre Majesté vienne en Andalousie !

» Qu'importe à Votre Majesté de conserver Madrid si elle perd le royaume ?

» Du moment où 80.000 Français seront réunis dans cette province (Andalousie), le théâtre de la guerre est

---

(1) Les prisonniers français (2.000 environ) furent en partie égorgés sur la route du Portugal. (Napier, t. IX, p. 244.)

(2) Mémoires du roi Joseph, t. VIII, p. 223.

(3) Soult au roi, 12 août 1812.

changé. Le général anglais devra se replier pour sauver Lisbonne.

« Evacuez cette province et vous perdez l'Espagne (!) »

Cette lettre seule expliquerait la confiance de Napoléon dans les talents de ce maréchal à qui il avait tant pardonné et dont il devait plus tard faire son major général.

Le duc de Dalmatie savait conserver son sang-froid dans les circonstances difficiles. Il avait du caractère. Comme le dit Napier : « Changer de simples lignes d'opérations subitement est, en tout temps, une affaire délicate; mais changer tout le théâtre de la guerre et reprendre l'initiative des mouvements après une défaite, c'est là le fait des maîtres de l'art. »

Le roi et Jourdan ne pouvaient saisir toute l'étendue des vues du duc de Dalmatie.

Le 17 août, Joseph écrivait au commandant de l'armée du Midi :

« Je vois avec la plus vive peine que les nouvelles désastreuses du 22 juillet, que vous connaissiez, n'ont pu modifier en rien la résistance permanente que vous avez mise en vous isolant entièrement des affaires du Nord...

» Si vous n'êtes pas disposé à m'obéir entièrement, vous êtes le maître de vous démettre du commandement. »

Le maréchal se plaignit au ministre et l'Empereur, au lieu de le tenir en suspicion ainsi que le faisait son frère (1), déclara que le duc de Dalmatie « était la seule tête militaire qu'il y eût en Espagne ».

Le duc de Dalmatie évacua l'Andalousie avec beaucoup d'ordre. Le 25 août, les ouvrages construits près de Cadix et les canons furent détruits ; dans la nuit du 25 au 26, le

(1) Le colonel Desprez avait été envoyé en Russie pour exprimer les doléances du roi. Cet officier écrivit de Paris, le 3 janvier 1813, une relation de sa conversation avec Napoléon à Moscou. (Mémoires du roi Joseph, t. IX, p. 177.)

quartier général quitta Séville et les habitants saluèrent son départ par des coups de fusil tirés sur les retardataires (1).

Drouet rejoignit le maréchal vers Grenade.

L'armée du Midi (45.000 hommes, dont 6.000 cavaliers, 72 pièces), menacée sur son flanc gauche par Hill, sur son flanc droit par Ballesteros, sur son front par les Murciens, sur ses derrières par Skerrer et Cruz-Murgeon, traînant 8.000 à 9.000 blessés, emmenant des familles espagnoles craignant la fièvre jaune qui sévissait dans la province de Murcie, réussit à gagner Almanza (3 octobre) en franchissant les montagnes, par Huescar et Cehegin.

La marche avait été de cent lieues.

L'armée n'abandonna ni blessés, ni canons.

Pendant l'exécution de ces mouvements, le général Clausel, déployant beaucoup de fermeté, de sagesse et d'expérience de la guerre (2), avait exécuté une retraite habile sur Burgos (fin juillet jusqu'au 16 août) dont le château fut énergiquement défendu par le général Dubreton disposant de 5.000 hommes environ (3). Cette « bicoque » arrêta Wellington (4) durant trente-trois jours; cinq assauts, dont le dernier eut lieu le 19 octobre, furent repoussés.

Grâce à l'activité de cette garnison, l'armée du Portugal put se reposer et se rétablir entre Burgos et Vitoria. Elle était dans un tel état qu'il fallut fusiller jusqu'à 50 maraudeurs pris les armes à la main. Le maréchal Masséna devait en prendre le commandement (5); mais des dis-

(1) Mémoires d'un apothicaire.

(2) Clarke à Joseph, 14 janvier 1813.

(3) Il disposait de 4es bataillons-conscrits.

(4) Wellington avait laissé Hill à Madrid et s'était porté sur Burgos avec 50.000 hommes (l'armée espagnole de Galice avait pris Astorga), en octobre.

(5) Clarke à Masséna, 19 août 1812.

Le général Clausel souffrait d'une blessure reçue le 22 juillet.

cussions survinrent entre le roi et le ministre, et le duc de Rivoli dégoûté, profondément attristé par les événements, imposa le général Souham (1).

Le 3 octobre (2), l'armée comptait six divisions (35.000 hommes) reconstituées.

Son avant-garde occupait Briviesca.

A Vitoria se tenait une division de l'armée du Nord (8.000 fantassins, 1.000 cavaliers, 16 pièces), qui pouvait prêter son concours à l'armée du Portugal.

Ainsi, tandis que dans le Midi les armées du Centre et du Midi (3) étaient concentrées (3 octobre), au nord 44.000 hommes étaient prêts à marcher sur Burgos. Wellington, par son inactivité due à son inexpérience de la « grande tactique » (4), avait obligé les Français à se réunir.

Le général Souham n'avait, lorsqu'il prit le commandement, que de vagues renseignements sur le rassemblement des armées du Centre, du Midi et de Valence. Il était indispensable, avant de déboucher en Castille, de connaître les projets du roi, qui commandait en chef. Il n'y eut donc que des escarmouches à l'avant-garde, auprès de Monasterio (du 13 au 20 octobre).

---

(1) « C'était un vieil officier, expérimenté et brave. » (Thiers, t. XV, L. XLVI, p. 138).

(2) Arrivée du général Souham.

(3) L'armée du Midi, après le départ du duc de Bellune, avait été réduite à six divisions : Conroux, Barrois, Villatte, Laval, Drouet, Darrican. La cavalerie était commandée par les généraux Peyremont, Digeon et Soult jeune.

(4) C'est ainsi que l'Empereur appelait l'art de conduire les armées

CHAPITRE X

SITUATION EN MAI 1812

I

Les Espagnols.

Les membres de la Junte centrale réunie à Séville (1) avaient décidé, le 28 octobre 1809, que les Cortès seraient réunies le 1er janvier 1810; mais les événements, autant que la résistance du parti de l'ancien régime, s'opposèrent à leur convocation.

La commission exécutive installée le 1er novembre 1809 avait cru un instant, après l'échec du VIe corps à Tamamès, qu'il serait possible de chasser l'étranger.

La meilleure armée que la Junte eût mise jusqu'à ce jour sur pied marcha sur Madrid, mais fut mise en déroute à Ocana.

Quand Joseph entra à Séville (février 1810), ce fut une fuite générale vers Cadix.

Mais l'idée de résistance n'était pas éteinte. Un nouveau gouvernement, conseil suprême de régence, prit immédiatement les rênes du gouvernement (31 janvier 1810),

---

(1) La Junte s'installa à Séville le 27 décembre 1808.
Le lendemain mourait le président, Florida Blanca; le marquis d'Astorga lui succédait.

En même temps la municipalité de Cadix nomma une junte populaire qui voulut imposer son autorité à la régence.

Ce fut le règne de l'anarchie. D'un côté il y eut un gouvernement fidèle à la cause de l'indépendance, mais conservateur de l'ancien ordre de choses, et, de l'autre, on vit une junte rivale, démocratique, voulant ouvrir l'ère des réformes.

En tout autre pays, le pouvoir étant ainsi contrebattu, la résistance eût été nulle ; en Espagne, elle ne fit que grandir et les guerilleros, aidés de tous les déserteurs (1) de l'armée française, détruisirent en détail les détachements.

Le peuple entier resta sous les armes.

Parmi les chefs les plus actifs il nous faut citer Zaldavia et Marmol dans les provinces de Grenade et de Ronda ; Diaz, Orobio, Pastrana dans la Manche ; Bustamente *dit* Caracol dans la province de Tolède ; Martin *dit* l'Empecinado, du côté de Guadalajara ; Gomez à Avila, Aguilar à Toro, Principe à Valladolid, Merino à Burgos, Duran à Soria ; Porlier, Longa, el Pastor et Mina (2) dans les provinces du Nord.

Napoléon avait beau multiplier les escadrons de gendarmerie, les bandes n'en étaient que plus actives et il fallait des bataillons entiers pour accompagner les courriers et les convois.

Paris communiquait difficilement avec Madrid et le roi restait des semaines entières sans avoir de nouvelles des armées.

En 1811, Napoléon dut ordonner de bâtir des blockhaus de Vitoria jusqu'à Irun (3). Il était exaspéré contre ce qu'il

---

(1) Tous les régiments étrangers au service de la France avaient des déserteurs. Duc de Fezensac. Mémoires, p. 201.

(2) Mina enleva plusieurs convois et délivra des prisonniers.

(3) Napoléon à Berthier, 2 décembre 1810.

appelait « canailles » et « brigands » (1), ce qui n'empêchait pas Joseph d'écrire que « l'opinion s'améliorait très sensiblement tous les jours » (2).

Joseph seul croyait à la solidité de son trône.

Malgré le conseil de régence, les Cortès allaient se rassembler. Les élections eurent lieu même sur les territoires occupés par les Français (17 septembre 1810). A Madrid, il y eut 4.000 électeurs.

Le 24 septembre 1810, les députés réunis dans l'île de Léon sous la présidence de don Ramon Lazaro commencèrent leurs travaux (3).

C'était une révolution qui commençait.

Les idées françaises avaient fait du chemin; un vent de démocratie soufflait sur l'assemblée.

La première résolution des Cortès fut de poursuivre la guerre par tous les moyens. En vain Joseph essaya de traiter avec la régence et l'assemblée espagnole; les négociateurs ne furent pas entendus.

Cependant les affaires ne marchaient pas et le marquis de Wellesley écrivait le 31 juillet 1811 à M. Stuart :

« Rien ne saurait être plus misérable que l'état des affaires dans ce pays; les régents sont universellement méprisés et il y a une telle disette de talents que je n'oserais espérer qu'un changement fût profitable. Le trésor est vide et il n'y a aucune probabilité qu'il arrive de l'argent d'Amérique; de sorte que les affaires sont réellement dans le

---

(1) Napoléon à Berthier, 10 juin et 31 juillet 1811.

Il écrivait, le 6 août 1811, à Berthier : « Dites-lui (à Reille) que je vais faire entrer la division italienne, mais qu'il faut enfin venir à bout de ces brigands, jeter la terreur parmi eux, les faire fusiller par centaines, désarmer le pays... »

(2) Joseph à Berthier, 31 juillet 1811.

(3) L'Amérique, qui avait soutenu effectivement la métropole, envoya des députés.

plus pitoyable état qu'elles n'ont jamais été depuis le commencement de la guerre (1). »

Au mois de mai 1812, le gouvernement espagnol ne disposait plus que de quelques divisions éparses dans les provinces de la Péninsule et d'une seule armée, celle de Blake, qui, toujours malheureux, devait succomber bientôt sous les coups du maréchal Suchet.

Le 25 janvier 1812, après des débats qui durèrent cinq mois (2), une Constitution libérale avait été donnée à l'Espagne.

Le 19 mars, cette Constitution fut proclamée à Cadix et les habitants de toutes les provinces lui donnèrent avec joie leur adhésion. Il y avait enfin un gouvernement établi et reconnu de tous. Wellington, généralissime des alliés (22 septembre 1812), pouvait désormais diriger l'ensemble des opérations militaires et entrevoir le succès définitif.

Le roi Joseph.

Par le décret du 8 février 1810 instituant les gouvernements et réduisant le commandement du roi à celui d'un humble gouverneur (3), Napoléon avait « cru acculer son frère à une abdication »; mais Joseph, malgré ses protestations (4), malgré ses menaces de retraite, n'avait aucun désir d'abandonner la couronne d'Espagne.

Ses ambassadeurs à Paris, Azanza, le duc de Frias et M. d'Ervas, marquis d'Almenara (5), ne réussirent pas à faire revenir l'Empereur sur sa décision. Il eut beau poser ses conditions : 1° armée française sous ses ordres ; 2° droit

(1) Napier, t. VII, p. 365.

(2) Guillon, *Guerres d'Espagne*, p. 235 à 243.

(3) Frédéric Masson, *Napoléon et sa famille*, t. VI, p. 139.

(4) Joseph à Julie, 12 avril 1810-16 juillet 1810. — Joseph à Napoléon, 30 avril 1810.

(5) Joseph à Julie, 8 août.

de renvoyer de l'armée les officiers dont la conduite serait scandaleuse; 3° droit de rassurer la nation espagnole sur les bruits de démembrement — et promettre en échange la pacification de l'Espagne, tout fut inutile (1).

Ces propositions montrent combien le roi se trompait sur le but à poursuivre et sur les moyens à employer (2).

« Dans l'atmosphère de flatterie où il vit, il s'est convaincu qu'il est un grand général; il s'est convaincu que la nature a mis en lui les qualités pour faire un grand roi; il s'est convaincu qu'il a été envoyé par Dieu : « Je veux », écrit-il le 8 novembre, « que la postérité plaigne une » grande » nation d'avoir méconnu le roi que le ciel lui » avait donné » dans sa bonté ! » (3).

En vain l'Empereur affirmait que la conquête seule avait donné la couronne à Joseph; ce dernier prétendait que les Cortès de Bayonne la lui avaient offerte et il se refusait à admettre que les baïonnettes françaises seules lui permettaient de régner.

Les déclarations des Cortès de Cadix ne pouvaient lui faire comprendre qu'il serait toujours un roi intrus.

L'Empereur voyait juste quand il pensait que, avec ou sans l'appui des Anglais, les Espagnols lutteraient jusqu'au bout. Aussi chargea-t-il le marquis d'Almenara, de retour à Madrid le 10 décembre 1810, de proposer à Joseph de tenter une démarche auprès des Cortès pour se faire reconnaître par elles comme roi légitime. Si cette assemblée répondait par un refus, l'Empereur se considérerait comme libre vis-à-vis de l'Espagne.

Cette proposition, toute naturelle, n'eut qu'un résultat : mettre Joseph dans une violente colère (4).

---

(1) Lettre de Joseph à Napoléon (du 8 août) présentée par le marquis d'Almenara.

(2) Frédéric Masson, Napoléon et sa famille, t. VI, p. 143.

(3) *Ibid.*, p. 145.

(4) *Ibid.* p. 154.

Ses lamentations continuèrent, mais il ne partit pas (1).

Il était cependant assez inquiet. Ses affaires ne marchaient pas. Le prince d'Essling était sur le point d'abandonner le Portugal (mars 1811) et Napoléon ne lui écrivait plus.

C'est alors qu'arriva à Madrid le colonel Lejeune, chargé d'annoncer que l'Empereur se préparait à une campagne contre la Russie (2).

Le lendemain de l'arrivée de cet aide de camp, Joseph écrivit pour réclamer des millions, « des secours d'argent, si l'Empereur veut qu'il le seconde puissamment, et peut-être plus qu'il ne pense ».

Et au même moment il lisait dans le *Moniteur* du 26 février (3) (1811) que l'Empereur avait l'intention d'annexer l'Espagne à l'Empire.

Napoléon dévoilait enfin sa pensée (4) !

Joseph sembla d'abord désespéré, mais cela dura peu. Il ne partit (22 avril 1811) pour Paris qu'au reçu de la lettre de son frère l'invitant à être le parrain du roi de Rome (9 avril 1811).

Dès son arrivée à Rambouillet (16 mai), il eut un entretien (5) avec son frère, mais n'obtint que de vagues promesses. Il revint à la charge et put recueillir, avant son départ (13 juin), quelques subsides et la quasi-certitude d'avoir à brève échéance le commandement de toute l'armée. « Cette fois encore Napoléon fut la victime de l'esprit de famille, de l'esprit corse, du droit d'aînesse..... Il n'a pas obligé Joseph à retourner en Espagne, mais il a cru que, en n'accueillant

---

(1) Lettres à Julie, du 22 février et du 19 mars 1811.
Lettre à Berthier, du 13 mars 1811.

(2) Lettre à Julie, 5 mars 1811.

(3) Lettre à Julie, lettre au cardinal Fesch du 24 mars.

(4) Frédéric Masson, *Napoléon et sa famille*, t. VI, p. 171 et 172.
Correspondance du roi Joseph, t. VII, livre X.

(5) Cet entretien dura six heures.

pas les demandes que Joseph a présentées comme irréductibles il l'amènerait à mettre à exécution ses heureuses menaces (1)..... »

Le roi quitta Marrac (2) le 27 juin 1811. Le 1er juillet, il était à Vitoria d'où il demandait des envois de fonds et annonçait la triste situation des provinces basques.

Il se faisait encore illusion en écrivant le 11 juillet : « Si j'avais à ma disposition vingt millions et l'autorité convenable sur les armées du Nord et d'Aragon, je crois que je pourrais changer la face du pays ! »

C'était le moment où le duc de Raguse revenait de Badajoz sans avoir osé, de concert avec l'armée du Midi, se mesurer avec les Anglais ; où Soult était obligé de courir sus aux bandes et aux armées qui menaçaient les Ier et IVe corps.

Jusqu'au jour où, par un courrier extraordinaire, Napoléon donna le commandement des armées d'Espagne à son frère (16 mars 1812), avec Jourdan pour chef d'état-major, Joseph ne cessa de se plaindre, car la misère était grande (3). Il rappelait les promesses faites, réclamait l'envoi de subsides (4) et menaçait même son frère de quitter immédiatement Madrid (23 mars 1812).

Mais l'ordre du 16 mars (arrivé le 28) enleva à Joseph toute idée d'abdication, malgré les restrictions qu'il contenait. C'est ainsi que les généraux Dorsenne (armée du Nord), Decaen (Catalogne) et Suchet (Valence) avaient des instructions spéciales.

C'était une lourde responsabilité pour le roi que de prendre le commandement au moment où Napoléon retirait

(1) Frédéric Masson, t. VI, p. 340 et suiv. — Correspondance du roi Joseph, t. VIII, p. 15 et 23.
(2) Château près de Bordeaux.
(3) Guillon, *Guerres d'Espagne*, p. 283.
(4) Napoléon envoyait chaque mois un million, mais il se faisait attendre. (Frédéric Masson. *Napoléon et sa famille*, t. VII, p. 245 à 248.)

d'Espagne des cadres et des unités entières ; où Wellington, maître de Ciudad-Rodrigo, de Badajoz et bientôt du pont d'Almaraz, pouvait à son gré manœuvrer sur le Douro, le Tage ou le Guadalquivir.

L'autorité du roi sur l'armée du Midi n'était pas encore reconnue par le duc de Dalmatie en mai 1812 (1). Marmont avait des discussions continuelles avec l'état-major de Joseph au sujet de la campagne de Valence et de l'administration des provinces de Ségovie, de Tolède et d'Avila (2). Dorsenne, se regardant comme indépendant, refusait de donner les états de situation de son armée. Suchet lui-même, se retranchant derrière les instructions qu'il avait reçues de Paris, ne voulait rien entendre.

C'était le chaos.

Le 28 mai, Joseph était fort embarrassé. Il était sans argent et n'était pas obéi (3).

C'est à ce moment qu'il reçut du ministre Clarke des instructions générales sur la conduite à tenir.

Cette directive disait qu'il fallait conserver les conquêtes faites, les étendre successivement par la destruction de l'ennemi et, par-dessus tout, maintenir les communications, c'est-à-dire faire « aux brigands » la guerre la plus active, se tenir sur la défensive à l'égard des Anglais, tout en maintenant une attitude imposante.

Le roi avait encore 230.000 hommes, mais tout lui manquait (4).

---

(1) Mémoires du roi Joseph, t. VIII, p. 170 à 180.

(2) Le roi écrivait qu'il n'y avait plus de discipline à l'armée du Portugal et pu'il fallait en séparer les corps, tant l'esprit était dangereux.

(3) Lettre de Joseph à Berthier, 18 et 25 mai 1812. — Lettre de Joseph à Clarke, 2 juin et 5 juin 1812.

(4) « Nulle base fixe pour l'impôt, laissé à l'arbitraire des généraux ; nul ordre pour les consommations ; partout les exactions particulières multipliant les misères des peuples, et la rivalité des généraux et des intendants français les misères des soldats. » Frédéric Masson, *Napoléon et sa famille*, t. III, p. 248, 254 et 255.

Absorbé par les préparatifs de la campagne de Russie, l'Empereur négligea les affaires d'Espagne. Les instructions qu'il fit envoyer à son frère par le Ministre de la guerre n'étaient pas en rapport avec la situation et c'était « carte blanche » qu'il eût fallu donner au roi.

Aussi verrons-nous le commandant en chef, Joseph, ne pas oser (1), « sans le consentement de l'Empereur parti pour Moscou », abandonner des conquêtes inutiles ou impossibles à garder, telles que Valence et l'Andalousie, pour resserrer ses forces et fondre en masse sur Wellington.

« Il se borna à renouveler les ordres déjà donnés à Soult et Marmont, de disposer leurs troupes de manière à pouvoir se secourir mutuellement ! »

En vain on chercherait une idée de manœuvre dans les actes militaires du roi. Jusqu'à la bataille de Vitoria on vécut au jour le jour, obéissant à la volonté de l'ennemi, le laissant agir librement, montrant une timidité excessive, preuve d'un commandement faible qui devait nécessairement succomber.

Le roi avait prévu le désastre final; mais il en fut en partie la cause et il doit en porter la responsabilité.

Cependant il serait injuste de ne pas la faire partager à son frère, qui eut la faiblesse de le conserver sur le trône d'Espagne sans lui donner les moyens de garder sa couronne, c'est-à-dire l'argent nécessaire et l'autorité.

L'invasion du Midi de la France fut le résultat de l'insubordination des commandants d'armée, du manque de caractère du roi et de l'incohérence des instructions envoyées à Joseph et aux généraux par le Ministre de la guerre.

Dans ses Mémoires (t. VIII, p. 191), le roi cite pour sa défense une lettre du maréchal Jourdan qui, écrivant à Clarke, disait « le danger que couraient les armées si elles restaient ainsi isolées ».

(1) Mémoires du roi Joseph, t. IX, p. 182.

Jourdan avait raison, mais il ne suffit pas de voir le danger; il devait le conjurer. Joseph n'avait donc qu'un parti à prendre, celui d'enlever leur commandement aux chefs qui n'exécutaient pas ses instructions. Il a plaidé les circonstances atténuantes en disant « qu'il craignait de déplaire à son frère ».

Au-dessus de son propre intérêt il y avait celui de l'armée placée sous ses ordres et celui de la France. Il a manqué de courage.

Wellington.

« La prise d'Alameida est une affaire pénible, mais de vaines clameurs ou la frayeur ne me feront modifier en rien le système et le plan d'opérations que j'ai adoptés après de sérieuses réflexions (1) ! »

Tout Wellington est là.

« Caractère circonspect (2) », disposant d'une armée peu mobile par tradition et qui, au point de vue manœuvrier, avait tout à apprendre, il ne devait pas vaincre les vétérans de l'Empire.

Ce n'est pas l'habileté au tir des soldats anglais qui lui a assuré le succès (3). Ce sont les mauvaises combinaisons des maréchaux et du roi qui lui ont permis de contribuer aussi efficacement à l'indépendance de la Péninsule.

Mais si la fortune lui a été aussi favorable, il serait injuste de ne pas reconnaître qu'il fit preuve des qualités les plus nécessaires à un chef. S'il lui manqua la hardiesse (3) « la plus noble des vertus guerrières », force créatrice par excellence ; s'il montra parfois de l'hésitation, il fut persévérant, tenace et clairvoyant. Sa fermeté ne se démentit pas un instant.

---

(1) Wellington à lord Castelreagh, septembre 1810.
(2) *Commentaires* de Napoléon, t. V, p. 130.
(3) Clausewitz, *la Grande Guerre*, t. I.

A lord Castelreagh qui, après Talavera, lui demandait s'il ne fallait pas renoncer à rester en Espagne, il répondit: « Il faut continuer. »

Son armée était une bande de vauriens qui pillaient partout, n'importe, il fit face à l'orage, s'installa solidement en Portugal malgré le conseil de régence, malgré les Souza, malgré ses lieutenants qui murmuraient contre sa circonspection, malgré le ministre Perceval (1809-1812) qui traitait l'entreprise des frères Welesley comme une folie de Don Quichotte.

C'est en vain qu'il donna aux Espagnols les plus sages conseils; ils perdirent, pour ne pas avoir voulu l'écouter, leurs meilleurs soldats.

Lui-même oublia souvent qu'il s'était promis d'user l'armée française. A Fuentes de Onoro, sur la Caya, à Fuente-Guinaldo, il s'exposa sans raison aux coups de Masséna, de Soult et de Marmont réunis, enfin de Dorsenne et du duc de Raguse.

S'il est impossible d'admirer sans réserves le général anglais dans ses manœuvres et dans ses combinaisons, il n'en faut pas moins le louer d'avoir su mettre en ligne, au moment où Napoléon rappelait en France plusieurs divisions de vétérans, une armée parfaitement outillée, appuyée sur des places fortes que la négligence des maréchaux français lui avait permis de prendre en quelques jours.

La gloire de Wellington sera d'avoir organisé une armée régulière en Portugal, d'avoir usé les armées impériales mal dirigées, d'avoir permis par sa ténacité à la Régence et aux Cortès de soutenir cette guerre implacable de partisans qui énervait et épuisait l'envahisseur; enfin d'avoir saisi le moment propice pour faire converger toutes les forces de la Péninsule sur les armées françaises disséminées.

Les Espagnols furent héroïques; ils ne désespérèrent jamais; mais, sans l'aide de Wellington, il leur aurait fallu des années pour conquérir leur indépendance si l'Empereur ne s'était pas lancé dans la folle entreprise de vouloir conquérir Moscou.

C'est donc, et quoi qu'on puisse dire, le général anglais qui fut le libérateur de la Péninsule.

En 1808, l'Empereur avait dit à ses soldats :

« Le hideux léopard souille par sa présence le territoire de l'Espagne et du Portugal. Que votre aspect le remplisse d'épouvante et lui fasse prendre la fuite ! » (11 septembre 1808.)

En mai 1812, contrairement à l'espoir de l'Empereur, l'armée anglaise était plus puissante que jamais.

CHAPITRE XI

RÉUNION DES ARMÉES DU MIDI, DU CENTRE ET DU PORTUGAL

Offensive générale des Français.

Dès l'arrivée du duc de Dalmatie, le roi eut avec lui une vive altercation au sujet de renseignements que celui-ci envoyait à Napoléon sur la conduite de son frère (1); puis il y eut un conseil de guerre à la suite duquel il fut résolu (2) que l'armée du Midi marcherait sur Aranjuez par Chinchilla et San Clemente, tandis que l'armée du Centre viendrait à Fuente Duena par le défilé du Las Cabrillas et

---

(1) Joseph à Napoléon, Valence, 9 septembre 1812 : « Je ne puis rester ici avec un tel homme. »

Frédéric Masson, *Napoléon et sa famille*, t. VII, p. 477 à 484.

(2) Les maréchaux donnèrent leur avis par écrit — Le duc de Dalmatie voulait marcher « en masse », avec les trois armées, sur Madrid, tandis que Le maréchal Suchet faisait remarquer que, s'il donnait un homme, il fallait évacuer Valence. Soult aurait désiré que les armées du Midi et du Centre appuyassent sur Guadalaxarra pour se joindre à l'armée du Nord. Les quatre armées (du Nord, du Centre, du Midi et d'Aragon) auraient ainsi pu se réunir rapidement.

Ce fut l'avis de Jourdan qui prévalut.

Suchet disposait de 13.000 à 14.000 combattants.

L'armée du Centre comptait 10.000 à 11.000 combattants.

L'armée du Midi était forte de 45.000 combattants. C'était donc avec 55.000 à 56.000 combattants que le roi pouvait marcher contre les Anglais.

L'idée de Soult était celle d'un esprit cultivé, d'un militaire instruit. Séparer Hill de Wellington, tout le monde réuni, était son but. — Le roi ne comprit pas la valeur de cette conception.

Cuença. Le maréchal Soult devait céder la division Drouet (6.000 hommes) à cette dernière armée.

Le duc de Dalmatie fit des objections; mais le roi lui signifia d'obéir ou de résigner son commandement (1). Le maréchal céda.

Le 17 octobre, Wellington, qui s'obstinait au siège du fort de Burgos, fut informé par le général Hill, qui était à Tolède depuis le 28 septembre avec 20.000 hommes (à dix jours de marche de Chinchilla) (2), que les Français se préparaient à marcher sur le Tage.

Le général anglais avait eu la partie belle. Il se trouvait, depuis deux mois et plus, au milieu des troupes françaises formant plusieurs groupes éloignés les uns des autres et il n'avait pas pensé à les battre successivement.

Vers le 15 octobre, la situation avait complètement changé. Il aurait trouvé soit au nord, soit au sud, un adversaire remis de ses fatigues, supérieur même en forces.

Le général Souham, qui, d'après les combinaisons du roi, devait entrer en Castille pour concourir à l'effort qui allait être fait sur le Tage, ne connut le départ de Wellington que dans la soirée du 22 octobre (3). Il se mit immédiatement à la poursuite des Anglais, marchant de nuit (du 22 au 23) pour les atteindre, les attaqua le 23 avec sa cavalerie et bouscula leur arrière-garde.

Wellington, dès la réception de l'avis que lui avait envoyé le général Hill, avait fait sauter quelques ouvrages d'approche auprès du fort de Burgos, après l'assaut infructueux du 19 (4) et avait battu en retraite dans la nuit du 21, dans le plus grand secret.

---

(1) Joseph à Soult, 12 octobre 1812.

(2) Le fort de Chinchilla fut pris par les Français dans les premiers jours d'octobre.

(3) Le colonel Lacotte porta les instructions du roi à Souham; — six duplicata lui furent en outre adressés, tant les communications étaient difficiles.

(4) Le siège de Burgos avait coûté 3.000 hommes à Wellington.

Le 24, il était serré de près par l'avant-garde de Souham.

Afin de mettre un peu d'ordre dans ses colonnes, il était alors très préoccupé de l'indiscipline qui régnait dans son armée (1), il s'arrêta et fit volte-face ; mais, débordé sur ses flancs, il se déroba le 26, passa le Douro dont il occupa les ponts et rappela Hill sur les défilés du Guadarrama.

Le 28, Souham, étendant sa droite, essaya vainement de passer la Pisuerga à Valladolid et à Simancos. Un détachement parvint cependant à franchir le Douro à Tordesillas, dont le pont avait été détruit.

Le même jour, Wellington détruisit les ponts de Valladolid et se retira rapidement à Rueda pour faire face à Souham s'il débouchait de Tordesillas. Il comptait pouvoir gagner du temps et disposer du corps de Hill le 3 novembre.

Mais ce dernier était aux prises avec Soult.

Le 18 octobre, les deux colonnes (armée du Centre et armée du Midi) du roi et de Soult s'étaient ébranlées (56.000 hommes) et avaient, sans avoir été sérieusement inquiétées (2), atteint le Tage entre Fuente-Duena et Aranjuez les 27 et 28 octobre.

En apprenant la marche des Français, le général Hill avait concentré ses troupes sur la rive droite du Tage.

Le 29, les colonnes françaises franchissaient ce fleuve sans combat (3). Le général Hill, qui avait reçu ce jour-là l'ordre de battre en retraite soit par le Guadarrama de préférence, soit par le Tage, s'il y était contraint, s'était dérobé.

Le 3 novembre, Joseph rentrait avec sa cour dans Madrid,

---

(1) Plusieurs milliers de soldats anglais s'enivrèrent à Torquemada.

(2) Les guérillas de l'Empecinado et de Duran, qui étaient à Madrid, furent dispersées par l'armée du Centre.

(3) Le roi Joseph voulait à tout prix reconquérir sa capitale. Il marcha sur Madrid, sans idée de manœuvre.

où il était bien reçu, les habitants ayant été maltraités par les guérillas et les Anglais.

Le duc de Dalmatie poursuivit les Anglais sans pouvoir les atteindre ; de son côté Souham avait réparé le pont de Toro.

Le 8 novembre, les éclaireurs de Souham rencontraient ceux de Soult à Medina del Campo. La jonction était faite ; le roi allait avoir sous la main près de 100.000 combattants avec 150 pièces bien attelées.

La situation était critique pour l'armée anglaise.

On se demande en vain pour quels motifs Wellington se laissa arrêter près de six semaines par le fort de Burgos et pourquoi il ne profita pas de sa victoire sur Marmont.

Jomini, dans *Napoléon au tribunal de César*, dit : « Bien que lente et compassée, cette campagne fait honneur à Wellington. »

Il est impossible d'accepter ce jugement. En effet, depuis le 23 juillet jusqu'au 15 octobre, le général anglais se montra non seulement lent et indécis, mais encore imprévoyant, imbu de doctrines surannées, courant après des objectifs purement géographiques.

Puisque Souham était le moins fort, il fallait l'écraser et, pour cela, ne pas laisser en couverture plus de 7.000 à 8.000 hommes vers Madrid. Toute l'armée se serait ensuite retournée « en masse » contre l'armée française venant de Valence.

Wellington ne songeait qu'à s'échapper au plus vite par Salamanque.

Le 10 novembre, l'artillerie du duc de Dalmatie canonnait Alba de Tormès où était le général Hill.

Le 11 novembre, les trois armées françaises atteignaient la Tormès sur le front Huerta, Alba de Tormès. Chefs et soldats étaient pleins d'enthousiasme; tous pensaient que les Anglais (60.000 hommes en tout) étaient perdus (1).

Wellington avait fait demi-tour et s'était arrêté sur le terrain où, trois mois auparavant, il avait été victorieux. Sa droite s'appuyait à Alba, sa gauche à Salamanque; son centre, à Calvarossa de Ariba, était dégarni.

Le duc de Dalmatie, investi du commandement en chef, très prudent parce qu'il pensait que les Anglais s'étaient retranchés, voulait passer la Tormès (2) en amont d'Alba et forcer Wellington à combattre sur un autre terrain. Cet avis prévalut malgré Jourdan qui voulait, comme les autres généraux, une action décisive immédiate en passant la Tormès à Huerta, de façon à séparer Hill du gros de l'armée anglaise (3). Il ajoutait que la solution du duc de Dalmatie obligerait Hill à rejoindre Wellington à Salamanque, qu'on perdrait du temps et que l'armée anglaise pourrait facilement se dérober.

Jourdan n'eut pas le courage de soutenir jusqu'au bout son opinion et le roi, aussi faible que lui, s'en remit complètement au duc de Dalmatie qui fut trop circonspect.

L'armée du Portugal, à la droite, occupa l'ennemi, et, le 14 novembre, les deux autres armées passèrent la Tormès en amont d'Alba.

Wellington concentra immédiatement son armée auprès des Arapiles.

Ainsi le maréchal Soult était conduit à manœuvrer sur le même terrain que le duc de Raguse. Et, comme lui, il manœuvra par sa gauche pour menacer la ligne de communication de son adversaire, mais avec plus d'art et plus

(1) Cafarelli avait rappelé 10.000 hommes pour combattre les guérillas du nord. Néanmoins l'armée française disposait encore de 85.000 combattants.

(2) Cette rivière était guéable en plusieurs points.

(3) Trois lieues séparaient Hill et Wellington.

de méthode. Tous les mouvements s'étaient faits hors des vues de l'armée anglaise.

Malheureusement il avait fallu trois jours pour amener toute l'armée sur les hauteurs de Mozarbes

Le 15 novembre au matin, un épais brouillard et une forte pluie empêchèrent tout mouvement de l'armée française (1). Ce ne fut qu'à 9 heures qu'on put reconnaître les positions anglaises. Encore ne distinguait-on que très difficilement les mouvements des colonnes sur la rive gauche du Rio Zurguen. « Les moindres ravins étaient devenus tout à coup des torrents qui gênèrent singulièrement tous les mouvements. »

Wellington en profita pour se dérober (2).

Beaucoup d'écrivains ont reproché au duc de Dalmatie de n'avoir pas attaqué les Anglais le 11 ou le 12, puis le 15. Mais il ne faut pas oublier que la bataille d'Albuera avait été une dure leçon pour le maréchal; il faut également ajouter que le temps fut épouvantable dans la journée du 15 et que si, le 11 comme le 15, la bataille avait été perdue, il eût fallu reculer d'une seule traite jusqu'à l'Ebre. Il était donc nécessaire de manœuvrer prudemment.

Cependant ce n'est pas sans raison qu'on peut blâmer le peu d'empressement que mit le duc de Dalmatie à attaquer les Anglais en mouvement dans la matinée du 15, alors que le brouillard s'était dissipé. Le maréchal ne fit même pas donner sa cavalerie (3).

C'est donc avec raison que Napoléon a pu dire que Wellington a toujours eu la fortune pour lui.

Le 16 novembre, les alliés se retirèrent sur Ciudad-

---

(1) Joseph à Clarke; Salamanque, 20 novembre 1812.

(2) Soult, « qui gardait une rancune féroce des humiliations reçues », n'était pas disposé à « servir d'instrument à la gloire d'un autre ». Il ne voulut pas se compromettre. (Frédéric Masson, *Napoléon et sa famille*, t. VII, p. 491.)

(3) *Ibid.*, p. 492.

Rodrigo par Martilla, laissant sur la route de nombreux maraudeurs et traînards, sans conserver les rangs, « à la merci de l'ennemi ».

Cependant l'arrière-garde (division légère) fit bonne contenance et Wellington put rallier ses troupes sur l'Huebra à San Nuno et Tamamès.

Le 18, après un engagement assez sérieux, la retraite continua sans être inquiétée; mais bon nombre de soldats anglais désertèrent et la cavalerie française put ramasser des convois entiers et des traînards (1).

Si le duc de Dalmatie avait pressé Wellington comme jadis Moore, l'armée anglaise n'aurait pu éviter un désastre. Mais, en 1808, l'Empereur était présent; en 1812, la question des vivres, le dégoût général et la mésintelligence des chefs arrêtèrent l'armée (2).

A peu près au même moment (27 novembre), sur les bords de la Bérézina, s'effondrait définitivement la puissance colossale de l'Empereur!

A la fin de 1812, les alliés et les Français avaient pris leurs cantonnements dans les zones ci-après :

Alliés.

Division Hill : Coria et Placencia.
Division légère : sur l'Agueda.
2e Division : Castello-Branco
Le reste de l'infanterie : le long du Douro.
Cavalerie portugaise et anglaise : vallée du Mondego.
Espagnols : Estrémadure.

---

(1) Wellington, dans une proclamation qui fut vivement discutée, tel était l'esprit de son armée, blâma sévèrement la conduite de ses officiers.

(2) Joseph à Clarke, 23 décembre 1812 : « La conduite de Soult est inexplicable. »

Français.

Reille (armée du Portugal) : Valladolid, Avila, Salamanque.

Soult (armée du Midi) : Tolède et Manche.

D'Erlon (armée du Centre) : Ségovie.

Quant au roi, il était toujours plein d'illusions (1).

Il avait reconquis sa capitale et il écrivait le 4 décembre : « L'opinion du peuple s'est améliorée par suite de l'expérience qu'il a faite pendant le séjour des Anglais et des guérillas. »

Les Anglais et les guérillas ne furent pas regrettés, c'est vrai ; mais la capitale n'était pas le royaume et dans toute la Péninsule, de Cadix à Bayonne, le peuple espagnol ne pensait pas à désarmer.

(1) Mémoires du roi Joseph, t. IX, p. 128.

CHAPITRE XII.

OPÉRATIONS EN CATALOGNE, EN ARAGON ET DANS LA PROVINCE DE VALENCE.

Les efforts de Suchet (IIIe corps) en 1809, pour pacifier l'Aragon après la déroute de l'armée de Blake, avaient été couronnés de succès, tandis que la lenteur du siège de Girone avait valu à Saint-Cyr une disgrâce complète.

Les opérations des IIIe et VIIe corps ne forment qu'un tout lié aux campagnes des armées du Nord, du Centre, du Midi et du Portugal, bien qu'elles aient revêtu un caractère particulier.

I

Catalogne.

Après la chute de Girone (11 décembre 1809), le duc de Castiglione (1) se hâta de ravitailler Barcelone et de revenir à Girone.

La division Souham s'établit à Vich et la division Pino bloqua le fort d'Hostabrich.

O' Donnel (2) résolut d'attaquer la division Souham isolée et menacée de tous côtés par les miquelets et les somatènes.

(1) Augereau avait remplacé Saint-Cyr.

(2) O' Donnel avait succédé à Blake rappelé en Andalousie. Blake parut à l'Albuera, puis à Valence.

Le général espagnol déboucha de Moya le 20 février 1810 et attaqua la division française qu'il voulut entourer; mais il fut surpris en flagrant délit de manœuvre, battu et obligé de revenir en toute hâte sous les murs de Tarragone (1).

Peu après Augereau reçut l'ordre de se rapprocher de l'Ebre pour empêcher O' Donnel de troubler l'investissement de Lérida par le IIIe corps.

Il s'installa à Reuss avec les divisions Souham et Severoli, et détacha la brigade Schwartz sur Manresa avec un bataillon à Villafranca.

Ce dernier bataillon fut surpris le 30 mars par une colonne espagnole qui se porta ensuite sur la brigade Schwartz, la força à se retirer et revint à Tarragone.

Les deux divisions françaises établies à Reuss se retirèrent alors sous Barcelone, puis sous Girone, harcelées par l'armée espagnole.

Telle était la situation en mai 1810.

C'est alors que Macdonald prit le commandement.

Le VIIe corps était alors complètement séparé de Suchet. Le général espagnol Campoverde, appuyé sur les forts de Berga, Cardona et Seu d'Urgel, opérait sur le flanc ouest des Français. Cette division était liée, par Monserrat et Igualada, à celle qui bloquait Barcelone. Cette dernière était appuyée par une troisième division et une réserve ayant à reprendre Tarragone comme point d'appui.

Ces trois divisions composaient la première armée espagnole.

Le duc de Tarente, qui « avait une vive répugnance pour cette guerre » (2), trouva le VIIe corps dans un état déplorable. C'était une guerre de sauvages que la lutte dans ces montagnes escarpées, et le duc de Castiglione, par ses cruelles représailles (3), n'avait fait que surexciter les sen-

(1) La Catalogne formait le 1er gouvernement.

(2) Mémoires du duc de Tarente, p. 175.

(3) Mémoires du roi Joseph, t. VII, p. 151.

timents de haine et de vengeance que les Catalans avaient montrés dès le début des hostilités.

Après avoir introduit un convoi dans Barcelone, le maréchal se dirigea sur Lérida, entra enfin en communication avec Suchet (29 août) et s'établit à Cervera (septembre 1810).

O'Donnel, après avoir réparé son échec de Morgalef, voyant la Haute-Catalogne dégarnie se porta rapidement sur Girone et surprit complètement la brigade Schwartz à La Bisbal. Ce fut un échec honteux pour les armes françaises et qui eut pour résultat un nouvel appel aux armes dans toute la province. Tous les isolés étaient massacrés ; tous les convois étaient attaqués ; il fallut se montrer impitoyable.

Cet échec eut un autre résultat. Il fallut rappeler sur Girone (10 novembre) les troupes disponibles, au moment où le maréchal devait coopérer au siège de Tortose. Le 22 novembre seulement il put quitter la vallée du Ter, ravitailler Barcelone au milieu d'une nuée de miquelets et se rapprocher de l'Ebre (quartier général à Tivenis, 20 décembre 1810).

Le 2 janvier 1811, la place de Tortose ayant succombé, le maréchal Macdonald s'installait à Reuss d'où il partait le 15 janvier pour se rapprocher de Lérida, afin d'avoir des subsistances.

La tête de colonne rencontra à Valls la division Sarsfield envoyée par Campoverde, successeur d'O'Donnel disgracié. Il y eut un violent combat d'arrière-garde ; une brigade italienne (Eugène) fut même bousculée ; néanmoins on put gagner la vallée de la Sègre.

Dans le courant du mois de mars (lettre du 9 mars), la partie active (1) du VIIe corps passa sous le commandement

---

(1) Le VIIe corps, outre les garnisons de Figuières, Roses et Barcelone, était ainsi composé :

de Suchet et le duc de Tarente n'eut plus dans son gouvernement que la Haute-Catalogne jusqu'au Llobregat.

N'ayant plus que quelques troupes disponibles, le maréchal revint alors à Barcelone ; mais il fut assailli à Manzega par le général Sarsfield. Les paysans ayant massacré des blessés, la ville fut brûlée par les Italiens.

C'est en arrivant à Barcelone qu'il apprit l'enlèvement de Figuières par trahison (1) (10 avril 1811).

Ce succès remplit d'enthousiasme l'Espagne entière. Il y eut des réjouissances publiques et Campoverde partit de Tarragone avec 10.000 hommes avec l'intention d'introduire un convoi dans cette forteresse ; mais il fut battu par le général Baraguay-d'Hilliers, qui avait immédiatement bloqué la ville.

La situation du duc de Tarente était critique, car dans la Haute-Sègre les Espagnols y étaient très entreprenants.

Il fallut la reddition de Tarragone et toute l'activité de Suchet pour réduire les Catalans et les obliger à reconnaître que tous leurs efforts devaient rester, pour le moment du moins, sans résultat.

Après le 28 juin, la situation changea en effet complètement. La Junte provinciale s'enfuit à Mayorque ; les points d'appui manquèrent à la flotte anglaise ; Campoverde partit pour Cadix après la dispersion de son armée ; le réduit espagnol de Monserrat fut enlevé par les colonnes de Suchet (25 juillet 1811) et Barcelone fut enfin débloquée.

Division Maurice-Mathieu, à Barcelone ;
Division Souham ;
Division Severoli ;
Division Pino :
Division napolitaine.

24e dragons, dragons napolitains, chasseurs royaux italiens. Bientôt, entrèrent en Espagne les divisions Lamarque et Baraguey-d'Hilliers.

(1) Deux gardes-magasins de nationalité espagnole livrèrent la place à 800 miquelets.

Le gouverneur, le général Guyot, fut condamné à mort ; mais Napoléon lui fit grâce.

Un mois après, Figuières était repris aux Espagnols et l'Empereur félicitait le duc de Tarente (lettre du 25 août).

En même temps Napoléon prescrivait au maréchal de former un corps actif de 12.000 à 14.000 hommes « pour manœuvrer entre Tortose, Lérida, Barcelone, le Monserrat, prendre Cordona et Urgel, dissoudre les rassemblements et pacifier le pays ».

Le même jour, le maréchal Suchet recevait l'ordre de s'emparer de Valence et de laisser une division pour occuper les places qui avaient coûté tant d'efforts à l'armée d'Aragon.

Mais les ordres de l'Empereur ne purent, en ce qui concerne l'armée de Catalogne, être exécutés (1). Le blocus de Figuières et le séjour dans le Lampourdan avaient causé des fièvres paludéennes et le corps d'armée n'aurait pas pu mettre en marche plus de 4.000 hommes valides.

Le 3 octobre 1811 (2), Macdonald malade et dégoûté d'une telle guerre (3), quittait l'Espagne et était remplacé par le général Decaen, qui fit régner « le plus grand ordre dans sa petite armée (4) ».

Au mois de janvier 1812, afin de sauver Valence qu'assiégeait Suchet, le général Lascy bloqua Tarragone,

Le général Decaen dirigea sur ce point la division Lamarque, qui entra dans Barcelone le 31 janvier 1812 et s'y renforça de 3.000 hommes. Ces deux faibles divisions, sous le commandement du général Maurice-Mathieu, forcèrent le col d'Ordas, mirent en déroute les Espagnols à Altafulla et communiquèrent avec la division Reille envoyée en toute hâte par Suchet.

---

(1) Rapport du duc de Fezensac (août 1811). — Lettre de l'Empereur, du 6 décembre 1811.

(2) Napoléon à Clarke; Anvers, 30 octobre 1811.

(3) Mémoires du duc de Tarente, p. 175 et 179.

(4) *Vie de Curély*, par le général Thoumas, p. 271.

Pendant ce temps, Decaen parcourait la Haute-Catalogne, à la poursuite des bandes de Sarsfield qu'il finissait par atteindre, ce qui n'empêcha pas des bandes de franchir les Pyrénées et de jeter l'alarme jusqu'à Perpignan (1), à tel point qu'il fallut envoyer le général Quesnel occuper la vallée de Puycerda.

Le 25 janvier 1812, l'Empereur créait le « corps d'observation de l'Ebre », fort de quatre divisions :

Divisions Reille et Palombani revenant de Valençe;

Division Severoli;

Division Ferino;

9e hussards et 24e dragons.

Ce corps devait soumettre « définitivement la Basse-Catalogne », occuper l'Aragon et communiquer avec l'armée du Nord (2).

L'intention de l'Empereur était d'annexer à la France toute la Catalogne divisée en quatre départements. Les préfets et sous-préfets devaient partir immédiatement pour prendre possession de leurs postes.

Le 14 mars 1812, toute la province fut placée, jusqu'à l'Ebre, sous le commandement supérieur (3) du général Decaen qui disposa de la division Maurice-Mathieu et de la division Lamarque, cette dernière sur les frontières de France.

Mais cette organisation ne fut pas de longue durée. Le 24 avril (4), Berthier écrivit à Suchet pour l'informer que l'Empereur lui confiait le commandement de la Catalogne, de l'Aragon et de Valence, afin de mettre plus d'ensemble dans les opérations.

---

(1) Napoléon à Berthier, 29 février et 8 mars 1812.

(2) L'armée du Nord (Dorsenne, puis Cafarelli) comprenait les divisions Cafarelli, Palombini (n'avait pas rejoint), Dumoustier (Garde) et une division ayant ses éléments disséminés.

(3) Berthier à Clarke, 3 avril 1812.

(4) Napoléon était sur le point de partir pour Dresde.

Le maréchal devait correspondre avec le ministre et le roi, ce dernier étant commandant en chef des armées françaises en Espagne.

II

Aragon.

La fin de l'année 1809 fut occupée par le IIIe corps à la pacification du pays.

En janvier 1810, le général Suchet reçut de Berthier, alors major général, l'ordre de se tenir prêt à faire la conquête de Valence et celui de préparer les sièges de Lérida et de Tortose; le VIIe corps devait se rapprocher de l'Ebre et le VIIIe de Logrono (1).

C'est à ce moment que le roi Joseph enjoignit au commandant du IIIe corps de se porter sur Valence, tandis que l'armée du Midi appuierait cette opération en menaçant Murcie.

Le général obéit, bien qu'il eût été nommé gouverneur d'Aragon (décret du 8 février).

Il marcha sur deux colonnes, la première par Teruel et Segorbe, la deuxième par Morilla et la côte. Le général Musnier (2e division) gardait l'Aragon avec 8 bataillons et 250 chevaux ; toutes les villes importantes avaient été mises à l'abri d'un coup de main (2).

Le 25 avril, le général disposait :

A Teruel, de la division Laval, de la brigade Paris, des cuirassiers et de trois escadrons de cavalerie légère ;

---

(1) Le VIIIe corps fit partie de l'armée du Portugal.

(2) Dix bataillons de marche (conscrits) rejoignirent alors le IIIe corps.

A Alcanitz, de 6 bataillons et 150 chevaux (général Habert) ;

Les deux colonnes, après la traversée des montagnes, se réunirent à Murviedro, et cette petite armée arriva devant Valence dont les faubourgs étaient fortifiés.

Suchet, n'ayant pas les moyens (1) de faire un siège, ne s'obstina pas. Il avait d'ailleurs de mauvaises nouvelles de l'Aragon ; Teruel était bloquée par Villacampa, Mouzon par Perana et l'oncle de Mina le Jeune avait remplacé son neveu en Navarre.

Il avait en outre reçu de Napoléon l'ordre de faire le siège de Lérida.

Le 10 mars, il revenait sur l'Ebre.

Cette inutile expédition, « cette sottise » (2), fut une erreur du roi que de faciles succès en Andalousie avaient grisé au point de lui faire croire que partout les Espagnols ne demandaient qu'à le reconnaître pour leur souverain. Il fallait en rabattre.

Avant de songer à s'emparer de Valence, il fallait évidemment être maître des places de l'Ebre et soumettre la Basse-Catalogne.

C'est alors que commença cette série de sièges fameux qui doivent placer le duc d'Albuféra au premier rang des illustrations militaires de la France.

La première conquête fut celle de Lérida, appelé le « boulevard de la Catalogne », la clef des plaines d'Urgel qui sont le grenier de la province, et de Mequinenza, point d'appui pour les bandes passant de Catalogne en Aragon.

Ces deux places prises, la jonction des IIIe et VIIe corps devenait facile (3).

---

(1) *Mémoires de Suchet*, t. I, p. 97.
(2) Lettre de Napoléon, 17 avril 1810.
(3) Belmas, t. III, p. 76.

Le 10 avril 1810, Suchet était à Mouzon. Il disposait de trois divisions et d'une brigade de cavalerie (1) ; l'artillerie était sous les ordres du général Valée et le génie était commandé par le général Haxo (puis par le général Rogniat).

La tranchée fut ouverte le 29 avril devant Lérida.

O'Donnel, successeur de Blake dans la Basse-Catalogne, vint au secours de la place ; mais il fut surpris à Margalef (23 avril 1810) par la cavalerie française (cuirassiers) et mis en déroute (2).

Le 14 mai, la place était au pouvoir de Suchet (6.978 hommes et 310 officiers prisonniers). Le gouverneur, Garcia Conde, malgré une belle résistance, fut accusé de trahison par la Junte.

Quelques jours après (8 juin), la petite place de Mequinenza (3) succombait également et la prise de cette forteresse rendait possible l'arrivée de l'artillerie de forteresse devant Tortose.

De plus, Macdonald pouvait dorénavant communiquer facilement avec Suchet (4). Le 29 août, ce maréchal était sous les murs de Lérida.

Il devait concourir à la prise de Tortose ; mais il dut partir pour Barcelone (28 octobre) pour aller chercher un convoi considérable venant de Perpignan, et les circonstances l'obligèrent à se porter sur Girone (20 novembre).

En décembre seulement (le 13 décembre), le duc de Tarente put revenir à Mora avec 15.000 hommes.

Néanmoins Suchet se porta contre Tortose, dont la

---

(1) IIIe corps : 1re division, Laval ; 2e division, Musnier ; 3e division, Habert ; brigade de cavalerie Boussard : 12.700 hommes furent employés au siège de Lérida ; 9.400 hommes gardèrent l'Aragon.

Un parc d'artillerie avait été organisé par le général en chef. Des magasins existaient en Aragon. Les contributions étaient régulières.

(2) O'Donnel perdit 5.617 hommes (lettre de Soult à Berthier, 26 avril 1810).

(3) Il fallut construire pour l'artillerie une route de 2.800 mètres.

(4) Belmas, *les Sieges dans la Péninsule*, t. III, p. 408.

chute devait amener l'isolement complet de la Catalogne (1).

La tranchée fut ouverte du 19 au 20 décembre 1810 (2), après la défaite des Valenciens de Bassecourt. Le 2 janvier 1811, les Français entraient par surprise dans la forteresse.

Ce fut un coup terrible pour les Espagnols. Cette place devint le pivot des opérations contre Tarragone et Valence.

Depuis son arrivée à Saragosse, Suchet était résolu à s'attacher les habitants de l'Aragon.

Après la reddition de Tortose (3), il y consacra tous ses soins et eut, jusqu'à la fin des hostilités, le gouvernement le mieux administré. Il réorganisa le régime des douanes, la justice, la police et établit un budget de concert avec les autorités locales.

Il était très sévère pour la discipline (4) et, contrairement à ce que faisaient tant de gouverneurs, il ne fermait pas les yeux sur les rapines et les vols commis par certains employés et même des officiers supérieurs.

Un instant l'Empereur eut l'idée de rappeler, après la prise de Lérida, 15.000 hommes du IIIe corps pour appuyer l'expédition qu'il « allait ordonner sur le Portugal » (5).

Ce projet de l'Empereur ne doit pas passer inaperçu.

Le 29 mai 1810, du Havre, il écrivait à Berthier qu'il ne voulait entrer en Portugal que « méthodiquement » et « en septembre, après les chaleurs et surtout après les récoltes ».

---

(1) Général Rogniat : « Tortose pris, la Catalogne était isolée du reste de la Péninsule. »

(2) Corps de siège : division Harispe (1re) (une brigade seulement); division Musnier (2e) ; division Habert (3e). En tout, 10.300 hommes environ.

(3) 11.460 hommes ou officiers furent faits prisonniers.

(4) Général de Brandt, *Souvenirs d'un officier polonais*, p. 64.

(5) Lettre de Berthier à Suchet, 14 juillet 1810.

A cette date il connaissait la prise de Lérida (14 mai) et en juillet il pouvait supposer que les sièges de Tortose et de Tarragone seraient terminés au moment où le prince d'Essling serait maître de Cuidad-Rodrigo et d'Almeida.

A la fin de la lettre du 14 juillet, l'Empereur écrivit qu'après la prise de Tortose il fallait « être prêt à exécuter l'ordre de l'Empereur ». Il n'était plus question de Tarragone.

Mais le siège de Tortose exigeait, avec une puissante artillerie qu'il fallait se procurer, la coopération des IIIe et VIIe corps, coopération difficile car il fallait ravitailler Barcelone et secourir Girone.

Le projet de l'Empereur ne fut pas mis à exécution (1).

Ce ne fut qu'en mars 1811 que Suchet put penser à faire le siège de Tarragone. Le 9, le IIIe corps prit le nom « d'armée d'Aragon » et le gouvernement de Suchet s'augmenta des territoires de Tortose, Lérida et Tarragone. En même temps les troupes actives de Catalogne furent mises sous les ordres du gouverneur d'Aragon.

Ces troupes comprenaient :

Quatre régiments français;

Division italienne (ci-devant Pino) ;

Division napolitaine;

24e dragons.

Le duc de Tarente, dont le quartier général devait être Barcelone, disposait dans la Haute-Catalogne des divisions Lamarque et Baraguay-d'Hilliers. Il était chargé, après entente avec Suchet, de s'emparer du Monserrat, de Cordona, de Berga et d'Urgel.

En avril les Espagnols s'emparaient de Figuières par surprise et le maréchal Macdonald réclamait de Suchet l'envoi immédiat des troupes qu'il avait dirigées sur Tarragone; mais ce dernier jugea qu'il « valait mieux

(1) Le prince d'Essling aurait disposé de 80.000 hommes.

bloquer Figuières et en finir avec Tarragone ». Cette dernière cité était en effet le réduit des armées régulières espagnoles qui parcouraient la province.

Le 24 avril, Suchet quitta Lérida et par Monblanch marcha droit sur Tarragone où s'était réfugié Campoverde. C'était un siège difficile. Il fallut conduire, de Tortose, un immense convoi de 66 pièces avec un approvisionnement de 700 coups, 100.000 sacs à terre, etc., sous le canon des navires anglais (1). En outre, le général Sarsfield était près de Valls avec une division, et d'Eroles commmandait à 3.000 hommes à Monserrat.

Les Espagnols se défendirent « comme des lions » (2). Ils refusèrent toute trêve pour enterrer les morts et il fallut brûler les cadavres.

Le 31 mai, Campoverde quitta la place avec 8.000 hommes et par mer rejoignit Sarsfield. Le corps de siège se trouva ainsi très menacé.

Le 1er juin seulement, la tranchée fut ouverte.

Le 28, après un assaut furieux et un combat sans merci (3) dans les rues de la cité, Contreras, blessé, fut fait prisonnier et les défenseurs se rendirent.

9.400 Espagnols furent faits prisonniers.

Ne laissant aucun répit à ses troupes Suchet se porta vivement contre Campoverde, qui ne l'attendit pas et se retira sur Agramunt par Igualda. Là, accusé de n'avoir fait

---

(1) Corps de siège :

Division Harispe	4.370	hommes
Division Habert	3.088	—
Division Frère	4.821	—
Division Peiri (italienne)	3.610	—
Brigade de cavalerie Boussard	1.447	—
Génie	688	—
Artillerie	1.315	—
Au total	19.339	—

Les pertes s'élevèrent à 4.293 hommes, dont 924 morts.

(2) Belmas, t. III, p. 501.

(3) Mémoires de Suchet, t. II, p. 103.

aucun effort pour sauver Tarragone, il dut s'enfuir et céder le commandement à Lascy.

Suchet poursuivit impitoyablement les débris de cette armée espagnole jusqu'à Maya et Vich (juillet). Lascy put se retirer à Seu d'Urgel et d'Eroles à Monserrat; mais, le 25 juillet 1811, le maréchal (1) attaquait ce dernier avec plusieurs colonnes, s'emparait du fameux couvent Notre-Dame et occupait enfin définitivement ce refuge des montagnards catalans.

Quelques jours après, Figuières était repris aux Espagnols (19 août).

Tarragone fut démantelée et on conserva Tortose comme magasin central et surtout comme tête de pont sur l'Ebre. La division Frère fournit les garnisons nécessaires aux places de la Basse-Catalogne, dont la soumission était à peu près terminée, grâce à l'endurance des troupes et surtout à l'activité du gouverneur de l'Aragon, qui put revenir en toute tranquillité à Saragosse.

C'est alors que l'Empereur pensa à occuper Valence, où le marquis de Palacio avait été remplacé par Blake qui d'Andalousie avait amené les divisions Zayas et Lardizabal. Le général Freyre, commandant l'armée de Murcie, devait venir en aide au général espagnol.

De Valence, Suchet pouvait, dans l'esprit de l'Empereur, étendre son action jusqu'à Grenade et faciliter ainsi les opérations du duc de Dalmatie.

Le corps de réserve du général Reille (divisions Reille et Severoli) devait occuper la Navarre et enlever ainsi toute préoccupation au maréchal pour ses communications (2).

Suchet laissa la division Frère dans la Basse-Catalogne, entre Tortose et Tarragone; une brigade en Aragon; fit de

(1) Suchet fut nommé maréchal de France le 8 juillet 1811.
(2) Napoléon à Berthier — 6 août 1811.

Tortose un grand dépôt; réunit un nombreux troupeau; organisa une flottille de ravitaillement sur l'Ebre et se mit en marche au milieu de septembre (1) avec 22.000 hommes (2).

La colonne de gauche (brigade Robert, division Habert, artillerie et cavalerie, parc de siège) suivit la grande route de Tortose à Valence, le long de la côte.

La colonne du Centre (division Palombini) traversa les montagnes de Morella.

La colonne de gauche (division Harispe) franchit les montagnes de Teruel.

Cette petite armée se réunit le 20 septembre à Castellon de la Plana.

Deux petites places, Oropesa et Sagonte, l'arrêtèrent ensuite plus d'un mois. Compère s'empara d'Oropesa le 10 octobre; mais il fallut faire le siège régulier de Sagonte.

La défense énergique de ces deux villes engagea Blake à franchir le Guadalaviar après avoir laissé la cité sous la protection d'une garde civique et tranquillisé les habitants en leur affirmant que Nuestra-Senora de los Desanparados, géneralissime « par mar y por tierra », ne les abandonnerait pas.

Les soldats espagnols étaient pleins de confiance. « Notre devoir, leur avait dit leur chef, est de vaincre ou de mourir ! » Et certes ils se battirent avec courage.

Suchet laissa six bataillons au siège de Sagonte et accepta la bataille.

Blake avait pris position au nord du canal de Moneada.

---

(1) L'ordre d'occuper Valence était du 25 août.

(2) Corps du maréchal Suchet :

1re division : Musnie (2.860 hommes laissés en Aragon et places).

2e division : Harispe (1.922 hommes laissés en Aragon et places).

3e division : Habert (700 hommes laissés en Aragon et places).

Division italienne : Palombini.

Division napolitaine : Compère.

Cavalerie : Boussard.

Artillerie et génie.

Son centre occupait une ligne de hauteurs que la division Habert attaqua vigoureusement. Les Espagnols firent une contre-attaque, mais ils ne purent tenir devant les charges des cuirassiers. En même temps la division Palombini prit d'enfilade la ligne espagnole.

A l'aile gauche, le général Mahy ayant été enfoncé, la déroute s'ensuivit et les dragons poursuivirent les fuyards jusqu'à dix heures du soir, ramassant 12 canons, 4.600 prisonniers et des drapeaux.

Les dispositions des Espagnols étaient vicieuses. Blake n'avait rien appris depuis Espinosa. Il perdit ainsi la dernière armée régulière, en laquelle cependant la régence avait eu un moment tant d'espoir.

En face du système linéaire de ce général toujours malheureux nous voyons au contraire le maréchal Suchet manœuvrer en profondeur, n'employer aux ailes que l'effectif strictement nécessaire pour contenir l'ennemi et, après la prise de contact et une longue reconnaissance, amener l'événement sur le centre de son adversaire.

Ce centre brisé, tout croula et la cavalerie française acheva l'œuvre par une poursuite à outrance (25 octobre 1811).

Le lendemain de la bataille, Sagonte capitulait et Valence était investi, après le passage de vive force du Guadalaviar.

Blake avait enfermé son armée dans la ville, à l'exception des troupes de Mahy, Obispa et Villacampa, qui purent échapper aux colonnes françaises.

C'est alors que Montbrun (armée du Portugal) reçut l'ordre de marcher sur Valence avec deux divisions. Le général Darmagnac (armée du Centre) occupait déjà Cuença avec quelques milliers d'hommes.

« La grande affaire du moment, c'est la prise de Valence », écrivait l'Empereur le 19 novembre.

Montbrun se mit en marche sur Albacète ; mais son détachement faillit compromettre sérieusement l'armée du Portugal (1).

Dans le nord la division Severoli s'était avancée jusqu'à Saragosse (9 octobre 1811), puis avait occupé Calatayud. Il y fut bientôt rejoint par le général Reille qui avait reçu l'ordre de rejoindre Suchet avec ses deux divisions (en tout 14.000 hommes et 10 pièces) (2).

Le 24 décembre, elles atteignaient Segorbe.

Le 2 janvier 1812, la tranchée était ouverte devant Valence, qui succombait le 9.

Toute l'armée de Blake (18.219 hommes, 21 drapeaux, 2.000 chevaux et 393 pièces) fut faite prisonnière de guerre et conduite en France (3).

Depuis quelques jours, Suchet avait une avant-garde sur Murcie pour se lier au IVe corps ; il communiquait également avec l'armée du Centre.

Mais la situation allait changer.

L'Aragon s'était soulevé et le corps Reille dut revenir sur l'Ebre pour maintenir cette province et la Basse-Catalogue. Ce fut la cause de la formation du corps d'observation de l'Ebre (14 janvier 1812).

Lascy menaçait Taragone, Murcie était en pleine insurrection et les Anglais allaient bientôt, sur la demande de Wellington, débarquer des troupes en Catalogne et à Alicante.

En même temps les Polonais partaient pour la France (4).

Le maréchal devait garder le gouvernement de Valence en même temps que celui d'Aragon, et son corps d'armée

---

(1) Montbrun s'avança jusqu'à Alicante ; il n'était de retour à Madrid que le 1er février 1812.

(2) Le commandant de l'armée du Nord en profita pour ne pas aider l'armée du Portugal.

(3) Bugeaud et le général Robert prirent possession de la citadelle le 9 janvier 1812.

(4) Ordre de Napoléon à Berthier, 14 janvier 1812.

était de plus en plus réduit par ordre de l'Empereur. En mai 1812, le duc d'Albuféra ne disposait plus que de 11.000 à 12.000 combattants réunis et de 3.617 hommes dispersés dans les places.

Au mois de juillet 1812, au moment de la bataille de Salamanque, le corps Suchet comprenait à peine 15.000 combattants.

Le 23 août 1812, arrivait l'armée du Centre qui avait reculé devant Wellington ; le 2 octobre, l'armée du Midi, après l'évacuation de l'Andalousie, se joignait au roi.

Il fallut donner argent, vêtements, armes à l'armée du Centre (1) et secourir les malheureuses familles qui l'avaient suivi dans sa retraite.

Suchet pourvut à tout.

Après le départ du roi pour Madrid avec les armées du Centre et du Midi (56.000 hommes), la situation devint critique pour le duc d'Albuféra (1). Le duc de Wellington, généralissime des armées anglaise, portugaise et espagnole, acclamé par les Cortès, avait bien compris qu'il fallait isoler ce corps d'armée et empêcher son chef de porter au roi le secours de son intelligence et de ses forces disponibles.

Pendant plusieurs mois Suchet ne put rien savoir de ce qui se passait vers Madrid et Valladolid. C'était par Paris qu'il était tenu au courant des événements graves qui se succédaient dans le nord de la Péninsule, bien longtemps après leur réalisation, car il ne pouvait communiquer que par mer avec la France.

Il était entouré de partisans et une petite armée anglo-sicilienne (division Maitland) avait débarqué à Alicante (10 août 1812). Les partisans arrivaient jusqu'aux portes de Valence. Les vivres se faisaient rares, malgré l'administration prévoyante du maréchal (1).

---

(1) Mémoires de Suchet, p. 291.

Au nord, « la Catalogne ressemblait à un immense corps mort sur lequel des animaux carnassiers, des oiseaux de proie et jusqu'à des reptiles se seraient réunis pour le dévorer (1) ».

En juillet 1812, Lascy avait essayé de s'emparer de Lérida. Decaen, toujours en course, parvint à le disperser et donna la chasse aux bandes de Sarsfield et d'Eroles. Il fallut, en 1813, courir sus à Copons.

Toute la fin de 1812 et les premiers mois de 1813 se passèrent en combats, en allées et venues pour disperser les bandes espagnoles. (Yecla, 11 avril 1813.) Tarragone même fut investie et ne fut sauvée que grâce à une action rapide (14 juin).

La flotte anglaise, très entreprenante, permettait à l'armée anglo-sicilienne de se déplacer facilement. Le 17 juin, le maréchal dut se rapprocher de Tortose et revenir à Valence à marches forcées (150 kilomètres en quarante-huit heures).

Le 5 juillet, arriva la nouvelle du désastre de Vitoria et le général en chef apprit en même temps que le roi s'était retiré vers les Pyrénées et non sur Saragosse, où il aurait pu se réunir aux troupes de Clausel et de Suchet.

Saragosse ne tardait du reste pas à tomber au pouvoir de Mina.

Il n'y avait pas de temps à perdre.

Suchet évacua aussitôt Valence.

Le 15 juillet 1813, après avoir mis une garnison dans Tortose, il repassait l'Ebre et, à Villafranca (14 août), il se joignait à Decaen qui disposait de 8.000 hommes.

Lord Bentinck, nouveau chef de l'armée anglo-sicilienne, avait suivi le mouvement du maréchal et avait investi Tarragone (29 juillet 1813).

Telle était la situation au moment où Napoléon allait

---

(1) Napier, t. XII, p. 54.

avoir à lutter, par sa faute, contre toute l'Europe coalisée (armistice de Pleswitz du 5 juin au 10 août 1813, congrès de Prague).

Suchet disposait encore d'une petite armée solide et bien disciplinée (1); mais les événements se précipitaient en Saxe (la Katzbach, Kulm, Leipsick). L'Empereur fit partir successivement les Allemands, la division Severoli, 1.000 hommes pour la Garde, les cadres (novembre 1813), 10.000 hommes (14 janvier 1814) avec le général Pannetier, 10.000 hommes pour Lyon (8 mars 1814, général Beurmann).

En mars 1814, au moment où Ferdinand arrivait à Perpignan, le maréchal était à Figuières avec 12.000 hommes seulement (deux divisions).

A partir de septembre 1813 il était resté immobile sur le Llobregat, sans rien tenter contre la droite de Wellington par Lérida.

Au commencement d'avril 1814, il était de sa personne à Perpignan pour organiser des recrues, quand le duc de Dalmatie l'invita à appuyer ses opérations vers Toulouse.

Le duc d'Albuféra jugea la chose impossible. De Figuières à Toulouse on compte neuf marches, à travers des montagnes difficiles; d'autre part, il ne serait plus resté que des recrues pour garder la frontière du Roussillon.

Ces raisons données par Suchet (2) étaient discutables; mais quel général n'eût pas agi de la sorte? Soult lui-

---

(1) Armée d'Aragon en novembre 1813 :
Division Musnier ;
Division Harispe ;
Division Habert ;
Division Severoli ;
Deux brigades de cavalerie,
Corps Decaen : divisions Maurice-Mathieu et Lamarque.
Au total : 32.588 hommes et 3.280 chevaux.

(2) Mémoires de Suchet.

même, qui blâma énergiquement son collègue, aurait soulevé, dans de semblables circonstances, les mêmes objections.

Après la bataille de Toulouse, le corps des Pyrénées-Orientales se concentra à Narbonne.

Quelques jours après, un armistice était signé.

L'Empereur s'avouait vaincu.

La prise et la possession de Valence n'avaient été d'aucune utilité pour les armées françaises d'Espagne.

Le IIIe corps perdit dans cette expédition plusieurs milliers d'hommes ; son absence permit aux guérillas de ravager le nord de l'Aragon et les renforts envoyés par Marmont affaiblirent l'armée du Portugal.

Le projet de faire concourir 15.000 hommes de ce corps d'armée à la prise de Lisbonne eût donné d'autres résultats, car l'ennemi le plus sérieux était Wellington.

Il est regrettable que l'Empereur n'ait pas suivi sa première inspiration (14 juillet 1810).

Cette lettre du major général est d'une importance capitale, parce qu'elle nous montre l'Empereur désireux d'en finir au plus tôt avec les Anglais.

Il est bien question de Valence, mais l'occupation de cette province ne devra avoir lieu qu'après « avoir chassé les Anglais du Portugal ».

Il n'y avait pas d'autre parti à prendre.

CHAPITRE XIII

SITUATION AU COMMENCEMENT DE 1813. — INSTRUCTIONS DE L'EMPEREUR. — MANŒUVRE DE VITORIA

Le 18 décembre 1812, Napoléon était arrivé aux Tuileries.

Ses ressources, grâce à sa prévoyance, étaient encore immenses (restes de la Grande Armée, conscrits de 1813, cohortes) ; mais le prestige de ses armes n'existait plus. Toute l'Europe voulait en finir avec lui ; l'Allemagne entière avait pris les armes à la voix du duc d'York (1).

Pour faire face à la coalition qui se préparait, il n'avait de régiments solides que ceux d'Espagne. Il dut en rappeler et des meilleurs.

En même temps le duc de Dalmatie, détesté par le roi à qui il désobéissait, même après la campagne de Salamanque (novembre 1812), quitta la Péninsule pour prendre un commandement dans la Garde.

Pour rentrer à Madrid en décembre 1812, le roi Joseph avait dû combattre chaque jour les guérillas et Soult avait été dans l'obligation d'envoyer, dans la Manche, plusieurs colonnes mobiles pour disperser les bandes du duc del Parque.

Partout, sur tous les points, les Français étaient traqués. L'armée du Nord était impuissante à se maintenir en Bis-

---

(1) « Ce qui surtout favorisa Wellington, ce fut l'enthousiasme produit par la nouvelle de la retraite de Russie et la défection de la Prusse. » Brialmont, *Vie de Wellington*, t. II, p. 85.

caye (1). L'Aragon et Murcie étaient en armes. Cinq armées (2) espagnoles se formaient sous la haute direction de Wellington, reconnu généralissime le 22 septembre 1812.

Le 18 décembre de la même année, il s'était rendu à Cadix, avait fait comprendre aux Cortès que l'heure du suprême effort avait sonné et avait été admis aux honneurs de la séance du 30 décembre.

« Non seulement, Messieurs, s'était-il écrié, vos compatriotes ont les yeux fixés sur vous, mais encore le monde entier qui est intéressé au succès de votre vigoureuse entreprise pour sauver l'Espagne de la ruine et de la destruction..... »

Au moment où il tenait ce langage plusieurs régiments français rentraient en France et ceux qui restaient en Espagne envoyaient chacun sur le Rhin les cadres d'un bataillon ou d'un escadron ; 3.000 vétérans (25 cavaliers par régiment et 10 artilleurs par compagnie) étaient en outre dirigés sur les dépôts de la Garde.

Le 4 janvier 1813, le duc de Feltre envoya au roi les instructions de l'Empereur. En voici la substance :

« L'Espagne, lui disait-il, est un théâtre d'opérations secondaire. Gardez Madrid comme point d'observation ;

---

(1) Capitaine Martin, *La gendarmerie en Espagne*. — Il y avait 20 escadrons de gendarmerie sur la ligne de communication. Ils étaient sous les ordres du général Buquet qui, le 2 mai 1813, écrivait au ministre : « Tel est l'accroissement des forces de ce chef (Mina) qu'il faut aujourd'hui une armée pour les combattre et les détruire. Depuis un an, la guerre a tellement changé de caractère en Espagne que les bandes ont pris notre place et nous ont mis à la leur. »

(2) 1re armée : Catalogne ;

2e armée : troupes d'Elio et partisans (Bassecour, Duran, Villacampa) à Valence, Cuença et Calatayud ;

3e armée : duc del Parque, Manche ;

4e armée : Estrémadure, Léon, Asturies, guérillas du nord, Castanos.

Réserve : 1re armée, comte d'Abisbal, en Andalousie ; 2e armée, Lascy, à Saint-Roch.

fixez vos quartiers à Valladolid, non comme un monarque, mais comme général des forces françaises ; concentrez les armées du Sud, du Centre et du Portugal autour de vous ; les alliés ne peuvent faire aucun mouvement sérieux d'ici à plusieurs mois (!) ; c'est pourquoi vous devez profiter de leur activité forcée pour réprimer l'insurrection dans le nord, rouvrir la communication avec la France et rétablir une bonne base d'opérations avant le commencement d'une autre campagne, de sorte que l'armée française soit en état de combattre les alliés, si ceux-ci s'avancent sur la France. »

Les trois armées françaises restèrent divisées et ne formèrent pas une seule masse. Les instructions très sages de l'Empereur ne furent pas suivies.

Napoléon ajoutait que l'armée du Nord, « trop faible pour faire face à tout », devait au besoin être renforcée par toute l'armée du Portugal. Il recommandait en outre, comme jadis il l'avait fait pour Marmont, de prendre une position « offensive » vis-à-vis des Anglais.

Ces instructions mirent très longtemps pour arriver à Madrid. L'insurrection avait pris dans le nord de telles proportions que les courriers n'arrivaient plus.

Le roi (1), « à qui il en coûtait beaucoup d'abandonner Madrid » (2), ne comprit pas l'esprit des recommandations que lui faisait son frère; il prit une attitude défensive, se plaignant de tous les généraux, voulant se montrer paternel et n'agissant pas comme un général aux prises avec les plus graves difficultés qu'il soit possible de rencontrer.

A plusieurs reprises l'Empereur se répéta (3) (14 et 29 janvier, 2 et 12 février 1813). Il écrivit (4) même directement

(1) Le roi disposait des trois armées.

(2) Thiers, t. XVI, p. 90.

(3) Le 29 janvier, le ministre n'avait pas reçu de nouvelles du roi depuis le 4 décembre 1812.

(4) C'était le duc de Feltre qui écrivait au nom de l'Empereur.

au commandement de l'armée du Portugal, afin que l'exécution de ses instructions ne subît aucun retard.

Le 26 février, inquiet de n'avoir aucune nouvelle (1), il donna ordre au ministre d'écrire qu'il comptait bien que Valladolid était devenu le centre des opérations (hôpitaux, magasins, etc.). Il ajoutait que Madrid ne devait rester « qu'un camp volant ».

Le 18 mars seulement, le roi se décida à quitter Madrid pour Valladolid, mais sans but précis, ce que blâma l'Empereur (lettre du 30 mars 1813 à Jourdan).

L'armée du Centre (2) (Drouet d'Erlon) se porta sur Ségovie, s'étendant jusqu'à Valladolid.

L'armée du Midi (3) (Gazan avait remplacé le duc de Dalmatie) s'établit partie à Avila, partie à Madrid ; la division Villatte resta sur l'Alberche. Mais bientôt Gazan établit son quartier général à Arevalo et la division Villatte occupa Salamanque, en avant-garde, comme le désirait depuis longtemps l'Empereur. Madrid, qui ne devait être « qu'un camp volant ! », fut gardé par 10.000 hommescommandés par le général Leval. Cette armée avait ainsi sa droite vers Zamora et sa gauche à Madrid !

Quant à l'armée du Portugal (six divisions, général Reille), établie à Palencia et Rio Secco, elle n'existait plus que de nom ; toutes ses divisions étaient successivement parties pour le nord au secours du général Cafarelli bientôt remplacé par Clausel (4) qui disposait des garnisons et des divisions Abbé et Van der Maësen (en tout 12.000 hommes, 22 février 1813).

---

(1) Il n'apprit que le 18 mars l'arrivée de ses premières instructions du 4 janvier.

(2) L'armée du Centre comprenait les divisions Barrois, Darmagnac, la garde du Roi et la cavalerie Treilhard.

(3) Cinq divisions.

(4) Lettre du duc de Feltre à Clausel, 9 mars 1813 : « Il ne faut laisser ni trêve ni merci aux partisans. »

Les divisions Barbou, Sarrut, Foy et Taupin s'étaient dirigées sur la Biscaye ; les divisions Maucune et Lagrange opéraient vers Léon et Palencia (avril 1813).

Malgré la vigueur des opérations du nouveau commandant de l'armée du Nord, les communications étaient toujours difficiles, au grand désespoir de l'Empereur (1) pour qui, avec raison, « le Nord passait avant tout ». L'armée du Portugal était réduite à une brigade d'infanterie et quelques centaines de cavaliers, à tel point que l'armée du Centre dut lui céder provisoirement la division Darmagnac.

Le roi ne se rendait certainement pas compte de la gravité de la situation. Il écrivait au ministre, le 30 mars : « Si je suis libre de conduire cette guerre comme je l'entendrai, je pacifierai bientôt ce pays comme je pacifiai le royaume de Naples; avec les mêmes moyens, j'obtiendrai le même résultat ! »

Pendant que l'armée française s'épuisait sans pouvoir réparer ses pertes, l'armée alliée se réorganisait.

Wellington (2) avait su avec habileté tirer parti des subsides du Portugal et de l'Espagne (3); l'instruction des troupes avait fait de réels progrès et il était prêt, en avril, à entrer en campagne. Il avait sous ses ordres 200.000 hommes et les flottes anglaises étaient maîtresses de la mer.

Sachant que les provinces du Centre étaient épuisées; que l'insurrection dans le Nord avait pris de telles proportions qu'elle occupait les armées de Reille et de Clausel;

---

(1) Clarke à Jourdan (16, 18 et 30 mars 1813).

« La marine anglaise apportait aux insurgés de cette nouvelle Vendée un secours qui doublait leurs moyens et leur audace. » Thiers, t. XVI, p. 97.

(2) Wellington était revenu, le 25 décembre, de Cadix à son quartier général.

(3) Le parlement anglais venait d'accorder au généralissime un subside de 100.000 livres.

que l'Empereur avait rappelé ses meilleurs soldats, il ne pouvait hésiter dans le choix de l'objectif à prendre.

Il n'avait qu'à marcher droit sur Burgos et Vitoria avec l'intention bien arrêtée de livrer une bataille décisive. Ses flancs étaient bien gardés et il lui était facile de faire tomber la ligne du Douro en avançant sa gauche vers Zamora.

Des démonstrations en Estramadure devaient tromper les Français et attirer leur attention sur le Tage.

L'armée du duc d'Albuféra pouvait — l'Empereur l'avait prévu — accourir en toute hâte et renforcer l'armée dont pouvait disposer le roi. Pour l'immobiliser, Wellington le fit harceler par sir Murray, Elio, le duc del Parque et de nombreux corps de partisans.

Le 1er mai, la situation des deux armées était la suivante :

Armée française.

I° *Armée du Midi* (général GAZAN).

Brigade Maransin	3.123	hommes.
Division Leval (Madrid)	5.078	—
Division Villatte (Salamanque)	5.720	—
Division Conroux (Avila)	6.596	—
Division Darican (Toro et Zamora)	4.860	—
Division cavalerie légère (Madrid)	1.716	—
Division dragons Soult et Tillaye (Madrigal)	2.376	—
Division dragons Digeon (Toro et Zamora)	2.120	—
	31.589	hommes.

II° *Armée du Centre* (comte D'ERLON)

Division Darmagnac (Rio Secco)	6.014	hommes.
Division Cassagne (Ségovie)	5.209	—
Division cavalerie Treillard (Ségovie)	1.317	—
	12.540	hommes.

III° *Armée du Portugal* (général Reille)

Division Barbou à l'armée du Nord........	3.474	hommes.
Division Foy —	4.219	—
Division Taupin —	5.205	—
Division Sarrut —	4.802	—
Division Maucune (Burgos)...............	4.663	—
Division Lamartinière (Briviesca).........	7.061	—
Division cavalerie Mermet (sur l'Esla).....	932	—
Division cavalerie Boyer (sur l'Esla).......	2.270	—
	32.626	hommes.

IV° *Armée du Nord.*

Garnisons :

Division Abbé.................	Pampelune.
Division Van der Maësen......	Navarre.
Division Palombini............	—

Mais le roi était bien loin de disposer de toutes ces forces. Le 25 mai, il ne pouvait appeler à lui que 35.000 combattants, alors qu'il y avait encore en Espagne 231.000 hommes, dont 30.000 aux hôpitaux. Tous les corps étaient dispersés.

Armée alliée.

Elle comptait pouvant agir contre le roi :

I°

Bandes de Castille. Bandes d'Estramadure. Bandes des Asturies. Guérillas de Longa et Mina.	4° armée Castanos 40.000 hommes environ.

II° *Anglo-Portugais* (1).

70.000 combattants, 90 pièces.

Cette dernière armée était excellente et bien approvisionnée ; elle était munie d'un train de pontons ; l'équipement des fantassins avait été allégé ; la discipline s'était raffermie.

Le 18 mai 1813, le roi fut informé de la marche des différentes colonnes de l'armée anglaise sur l'Esla et la Tormès.

Le 24, le duc de Wellington franchit cette dernière rivière, força la division Villatte à se replier et partit pour l'aile gauche (général Graham), chargé de déborder la droite des Français, tandis que les Galiciens se portaient sur l'Esla.

Les difficultés que le général Graham avait éprouvées dans la traversée des montagnes avaient occasionné un retard qui favorisa la réunion des divisions françaises dispersées.

Le 1er juin, les alliés entraient à Zamora.

Le 3, Toro était en leur pouvoir et l'armée française, tournée par sa droite, était en pleine retraite, rassemblant ses éléments à la hâte. Le 6 juin, elle était sur la rive gauche du Carrion où elle avait rallié la division Maucune.

Le roi disposait alors, Leval l'ayant rejoint difficilement (1), de 55.000 hommes, mais il était découragé. Il écri-

---

(1) 1re division, Howard ;
2e — Steward (avec une division portugaise) ;
3e — Picton ;
4e — Cole (une brigade portugaise) ;
5e — Colville — —
6e — Clinton — —
7e — Walker — —
Division légère, Alten ;
Division portugaise ;
Cavalerie : 8.230 hommes, dont 1,000 Portugais.

vit à Foy, à Sarrut, à Clausel de le rejoindre au plus vite et se retira sur Burgos. Mais il apprit bientôt que ces divisions ne pouvaient le rejoindre, que le château de Burgos n'était plus tenable (10 juin), qu'il n'y avait plus de vivres à Burgos et il résolut de passer l'Ebre.

Il n'avait rien fait depuis qu'il était à Valladolid et Jourdan pas davantage. Ils étaient surpris et, leur esprit n'ayant rien prévu, l'armée se retirait sans idée de manœuvre.

Le roi aurait pu rejoindre Clausel par Soria et Logrono, appeler à lui le duc d'Albuféra dont il connaissait les talents; mais il fallait découvrir la route de Bayonne ! Pouvait-on oser pareille manœuvre ?

Il y avait aussi un immense convoi qu'il fallait escorter (2) !

Le 16 juin 1813, le quartier général de Joseph était à Miranda, le lendemain du jour où Clausel recevait le premier avis envoyé par le roi et décidait de rejoindre ce dernier par Logrono (3) avec 4.000 hommes de l'armée du Nord et les divisions de l'armée du Portugal.

Ce même jour, l'armée alliée, débordant toujours par sa gauche l'armée française, était aux sources de l'Ebre et Santander était occupée par les Anglais qui, ravitaillés par les ports du golfe de Gascogne, ayant ainsi une base nouvelle, n'avaient plus à se préoccuper de leurs communications avec le Portugal.

Les colonnes anglaises, par les chemins difficiles qu'avaient suivis en 1808 les Ier et IVe corps français, se portèrent sur la grande route de Burgos à Saint-Sébastien.

---

(1) Cette division fut un instant compromise.

Gazan, avant de faire évacuer Madrid, crut devoir conférer avec Joseph et perdit un temps précieux.

(2) Il avait fallu près d'un mois pour le transfert de la cour, des blessés et du matériel, de Madrid à Valladolid. (Thiers, t. XVI, p. 94.)

(3) Lettres de Clausel à Joseph, 15 et 17 juin 1813.

Le général Clausel revenait de Pampelune.

Wellington était décidé à attaquer son adversaire partout où il le rencontrerait. Néanmoins le mouvement de conversion à droite qu'il avait entrepris se faisait lentement, au point que l'armée française eût pu se retirer en France sans être beaucoup inquiétée.

Le roi, aidé par la prudence de Wellington, ayant été rejoint par les divisions Sarrut, Maucune et Lamartinière, restait cependant inactif. En arrivant à Miranda, il eut bien la pensée de rejoindre Clausel par Logrono ; mais il préféra concentrer l'armée à Vitoria, toujours pour garder la route de Bayonne.

Il était averti que Wellington cherchait à déborder sa droite. Le général Reille, qui avait reçu l'ordre de couvrir l'armée par Orduna et Bilbao, n'avait pu dépasser Osma. La division Maucune, revenant de Frias, avait rencontré une forte colonne anglaise (général Graham) débouchant des montagnes au sud d'Orduna (18 juin).

Le désordre des Français était extrême. Parcs, convois, troupes, toute l'armée était entassée dans la cuvette que forme la Zadorra autour de Vitoria.

Le mieux eût été de sortir au plus vite du défilé, soit par Bergara pour rallier Foy, soit par Salvatierra et Pampelune pour se réunir à Clausel, comme le conseillait le général Reille (1).

Dans tous les cas, si l'on voulait attendre le choc de l'armée anglaise, encore fallait-il rompre les ponts de la Zadorra, organiser des points d'appui, reconnaître (2) les forces de l'adversaire, les retarder dans leur marche (3), préparer la retraite.

Aucune de ces précautions élémentaires ne fut prise.

---

(1) Mémoires du roi, t. IX, p. 155.

(2) Le 20 juin, Jourdan malade et le roi ne sortirent pas de Vitoria.

(3) On envoya par plusieurs émissaires, des officiers pour prévenir Clausel.

Une partie seulement du grand convoi fut dirigée, le 19, sur la France ; le 21, la division Maucune partit pour escorter le matériel évacué.

Le 21 juin, au moment où Joseph et son conseiller exécutaient enfin une reconnaissance des positions à occuper, la bataille commença.

La bataille fut donc soutenue par les Français dans des conditions défavorables. Ils se battirent sans plan d'ensemble, sans direction, tandis que Wellington manœuvra de façon à envelopper les deux ailes de l'armée du roi déployée à la hâte.

Aussi le désastre fut-il complet. Drapeaux, canons (au nombre de 200), équipages (400 caissons, sans compter les autres voitures) (1), tout tomba au pouvoir de l'armée alliée. Le roi lui-même faillit être pris et il n'eut que le temps de sauter sur un cheval, laissant aux Anglais ses papiers, son épée, un tableau du Corrège et le bâton de maréchal de Jourdan.

Ainsi l'armée française avait abandonné la Castille pour aller s'entasser dans un défilé !

Joseph s'arrêta à Vitoria sans raison, hésita pour savoir s'il livrerait bataille ou non, voulut d'abord gagner Pampelune, puis changea d'avis, se laissa imposer le combat sans se ménager quelques chances de succès, et resta jusqu'au dernier moment indécis.

C'est en vain que le roi a essayé de rejeter la perte de l'Espagne sur les instructions de l'Empereur et les fautes de ses lieutenants.

Certes Napoléon, alors absorbé par la campagne de Saxe, eut le tort, comme en 1810, 1811 et 1812, de vouloir tout diriger de loin ; mais ses instructions de janvier en 1813 étaient assez larges pour que le roi fît preuve d'initiative.

---

(1) On put sauver les attelages.

Il ne les comprit pas et la perte de la bataille de Vitoria ne peut être imputée qu'à lui seul.

Napoléon apprit à Dresde le désastre de Vitoria. « Il en ressentit une violente irritation » (1), envoya son frère en disgrâce à Mortfontaine et nomma Soult « lieutenant-général en Espagne » (2).

Wellington ne se servit pas de sa cavalerie (3) et pensa que nous avions de solides réserves, tant la résistance de nos généraux abandonnés à leur propre initiative avait été vive.

Ces deux circonstances, solidité des troupes et fatigue de l'armée anglaise (4), sauvèrent l'armée française d'un désastre complet (5).

Les résultats de la bataille de Vitoria furent immenses. A l'ouest, la frontière allait être bientôt au pouvoir des alliés ; à l'est, les armées d'Aragon et de Catalogne furent obligées de se retirer d'une seule traite jusqu'à Barcelone.

« Le règne de Joseph était fini ; sa couronne était tombée, et, après des années de travaux, de combats plutôt admirés que compris, le général anglais sortait du chaos de la lutte péninsulaire et arrivait en vainqueur sur le sommet des Pyrénées ! »

Après avoir gagné l'Arga, le roi Joseph dirigea l'armée du Portugal sur la Bidassoa par San Estevan, l'armée du Centre dans la vallée de Bastan par le col des Aldudes, celle du Midi dans la vallée de Saint-Jean-Pied-de-Port par le col de Roncevaux.

---

(1) Guillon, *les Guerres d'Espagne sous Napoléon*, p. 345.

(2) Décret du 1er juillet 1813.

(3) Wellington disposait de 10.000 cavaliers, mais l'action de cette arme n'avait pas un terrain favorable.

(4) Les soldats anglais se dispersèrent pour marauder, après la bataille.

(5) Joseph arriva cependant à Bayonne « en aussi mauvais état que Napoléon devant la Bérézina ». (Jomini.)

Wellington poursuivit mollement l'armée française en retraite par Salvatierra.

Pendant ce temps le général Foy (1), avec sa division et celle de Palombini (2) (général Saint-Pol), aidé en outre par la division Maucune (3), livrait de sanglants combats aux Espagnols de Giron et de Longa dans les défilés de Mondragon et à Tolosa (22 - 25 juin 1813).

Le 1er juillet, Foy était sur la Bidassoa, donnant la main au corps de Reille arrivé à Vera.

Dans la vallée de l'Ebre, le général Clausel se trouvait dans une situation critique. Il était arrivé le 22 juin près de Vitoria, mais trop tard, et avait dû se retirer sur Logrono en toute hâte. Il s'arrêta dans cette ville, se tenant aux écoutes; mais déjà Wellington était aux portes de Pampelune.

Le général anglais, laissant Hill devant cette place, marcha sur Taffalo avec quatre divisions d'infanterie (3e, 4e, 7e et division légère) et deux brigades de cavalerie légère. Les 5e et 6e divisions; la grosse cavalerie et les Portugais d'Urban marchèrent en même temps sur Logrono. Mina, avec ses partisans, était à Estella.

Mais le général français avait décampé. Le 27 au soir, il était à Tudela et, le 1er juillet, il entrait à Saragosse. Il en partait aussitôt pour Jaca, après avoir abandonné artillerie et bagages pour être plus libre de ses mouvements et passer plus facilement le port de Canfranc.

Ainsi la France pouvait être envahie (4) au moment où

(1) De l'armée du Portugal.

(2) De l'armée du Nord.

(3) La division Maucune, ayant escorté un convoi, était partie de Vitoria juste à temps pour éviter le désastre.

(4) Wellington disposait de :

33.650 fantassins anglais;
7.790 cavaliers anglais;
23.900 fantassins portugais;
1.450 cavaliers portugais.
66.790

les coalisés proposaient à l'Empereur la paix dont l'Espagne devait en partie être le gage.

Mais « la bataille de Vitoria dissipa les doutes et vainquit les dernières répugnances de l'Autriche; elle amena la dissolution du congrès de Prague disposé à traiter avec l'Empereur, et prépara la journée de Leipzig (1) ».

La 6ᵉ division ayant été laissée en arrière, l'armée anglaise comptait donc 60.500 présents et 90 pièces.

En outre, il faut ajouter les contingents espagnols :

Infanterie	Division Morillo...	3.000
	— Giron....	12.000
	— Carlos....	3.000
	— Longa....	3.000
Cavalerie	Villemur..........	1.000
	Julian Sanchez....	1.000
	Soit, au total............	23.000 Espagnols environs

(1) Brialmont, *Vie de Wellington*, t. II, p. 110.

TABLE DES MATIÈRES

CHAPITRE PREMIER

CHAPITRE II

CHAPITRE III

Opérations de l'armée du Portugal.

CHAPITRE IV

CHAPITRE V

CHAPITRE VI

CHAPITRE VII

CHAPITRE VIII

CHAPITRE IX

CHAPITRE X

Situation en mai 1812.

CHAPITRE XI

CHAPITRE XII

CHAPITRE XIII

Paris et Limoges. — Impr. milit. Henri Charles-Lavauzelle.

Général PIERRON. *La Stratégie et la Tactique allemande au début du vingtième siècle* (3e édition). — Volume in-8° de 580 pages, avec 34 croquis dans le texte. 7 50

Général PIERRON. — *Guide pour le dressage de l'infanterie en vue de la guerre* ou *Recueil des questions posées aux sous-officiers, caporaux et soldats, avec les solutions.*
1re partie. — Volume in-32 de 224 pages. 1 25
2e partie. — Volume in-32 de 202 pages. 1 25

Général LAMIRAUX, ancien commandant de l'Ecole supérieure de guerre. — *Etude critique du Projet de règlement sur l'exercice et les manœuvres de l'infanterie.* — Volume in-18 de 180 pages. . . . . 3 »

Général LAMIRAUX. — *Etude sur le fusil modèle 1886 et sur son rendement dans le tir individuel et dans le tir collectif.* — Volume in-8° de 384 pages, avec 23 croquis. . . . . 5 »

Général LAMIRAUX. — *Etudes pratiques de guerre.*
Tome I (4e édition). — Volume grand in-8° de 314 pages, accompagné de 20 croquis ou cartes dans le texte, broché. . . . . 6 »
Tome II. — Volume grand in-8° de 448 pages, accompagné de 46 croquis, broché. . . . . 8 »

Général LAMIRAUX. — *Etudes de guerre : La manœuvre de Soult (1813-1814).* — Volume grand in-8° de 482 pages, avec 15 croquis dans le texte. . . . . 8 »

Général PÉDOYA. — *La loi de deux ans, ses erreurs.* — Brochure in-8° de 62 pages. 1 25

Général PÉDOYA, commandant le 16e corps d'armée. — *Recueil de principes tactiques* (service de marche, combats offensifs et défensifs, poursuites et retraites, service des avant-postes). — Volume in-8° de 280 pages, broché. . . . . 4 »

Général LE JOINDRE. — *Tirs de combat individuels et collectifs* (2e édition mise à jour). — Volume in-8° de 144 p., 20 figures, broché. 3 »

Général DE BEAUCHESNE. — *Stratégie et tactique cavalières.* — Volume in-8° de 102 pages. . . . . 3 »

Général PHILEBERT. — *La 6e brigade en Tunisie*, orné d'un portrait du général, de 13 gravures et d'une carte en couleurs hors texte du théâtre des opérations. — Volume in-8° de 232 pages, broché. . . . . 5 »

Général PHILEBERT. — *En vue de la guerre.* — Volume in-18 de 140 pages. . . . . 2 »

Général LUZEUX. — *Les mitrailleuses dans la guerre moderne.* — Brochure in-8° de 72 pages. . . . . 2 »

Général LUZEUX. — *Notre politique au Maroc.* — Volume in-8°. 3 50

Général TROCHU. — *L'Armée française en 1867.* — Volume in-8° de 128 pages. . . . . 2 »

Général TRICOCHE. — *Le service de deux ans.* — Brochure in-18 de 40 pages. . . . . » 75

Général DRAGOMIROF. — *La guerre est un mal inévitable.* — Brochure in-8°. . . . . » 50

Général HARDY DE PÉRINI. — *Afrique et Crimée (1850-1856). Historique du 11e léger (86e de ligne)*, avec préface d'A. Mézières, de l'Académie française. — Volume in-8° de 210 pages, orné d'un portrait du général et de 5 croquis hors texte. . . . . 5 »

ÉTUDE

SUR LES

GUERRES D'ESPAGNE

PAR

Le Commandant BAGÈS

CROQUIS DU TOME II

PARIS
HENRI CHARLES-LAVAUZELLE
Éditeur militaire
10, Rue Danton, Boulevard Saint-Germain, 118

(MÊME MAISON A LIMOGES)

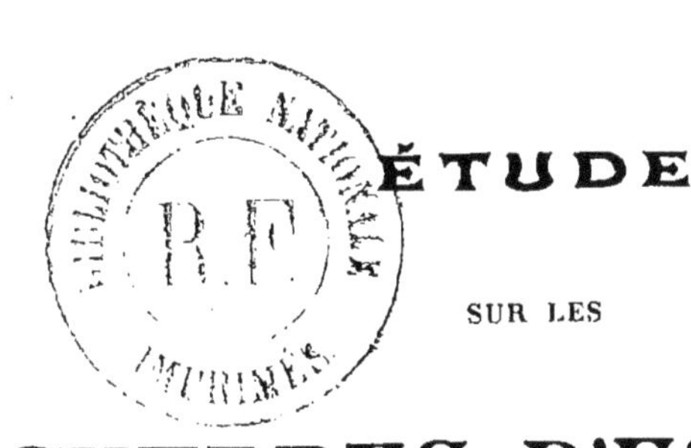

ÉTUDE

SUR LES

GUERRES D'ESPAGNE

ÉTUDE

SUR LES

GUERRES D'ESPAGNE

PAR

Le Commandant BAGÈS

CROQUIS DU TOME II

PARIS
HENRI CHARLES-LAVAUZELLE
Éditeur militaire
10, Rue Danton, Boulevard Saint-Germain, 118

(MÊME MAISON A LIMOGES)

CROQUIS

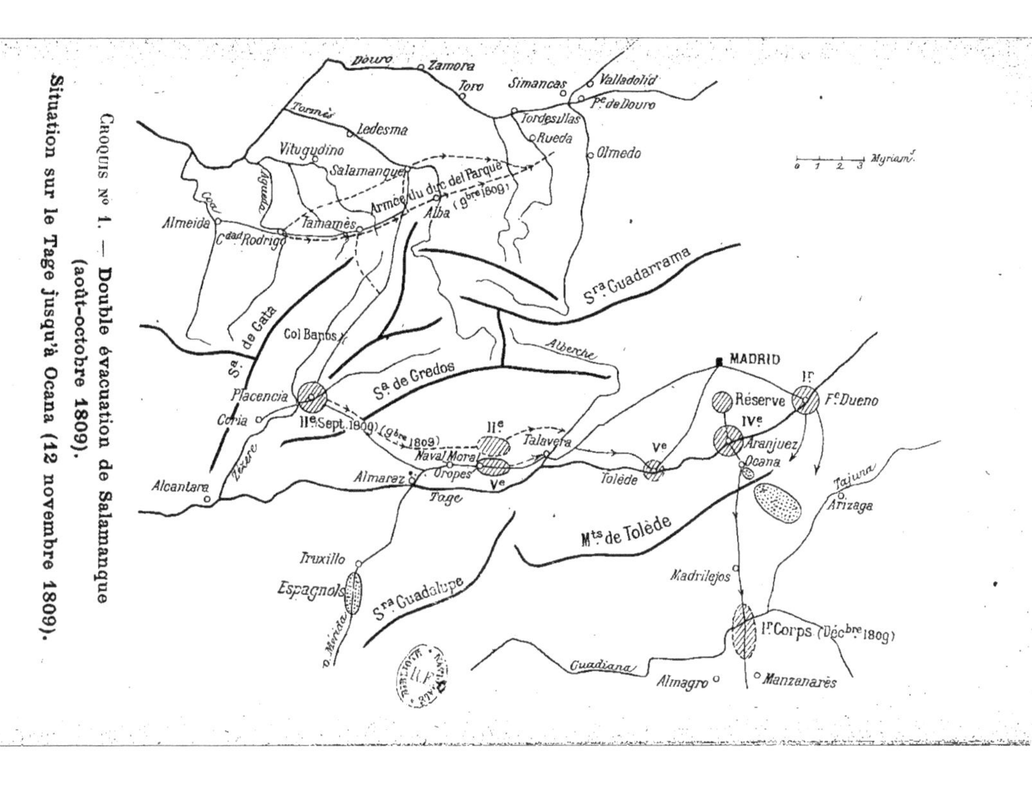

Croquis N° 1. — **Double évacuation de Salamanque (août-octobre 1809).**
Situation sur le Tage jusqu'à Ocana (12 novembre 1809).

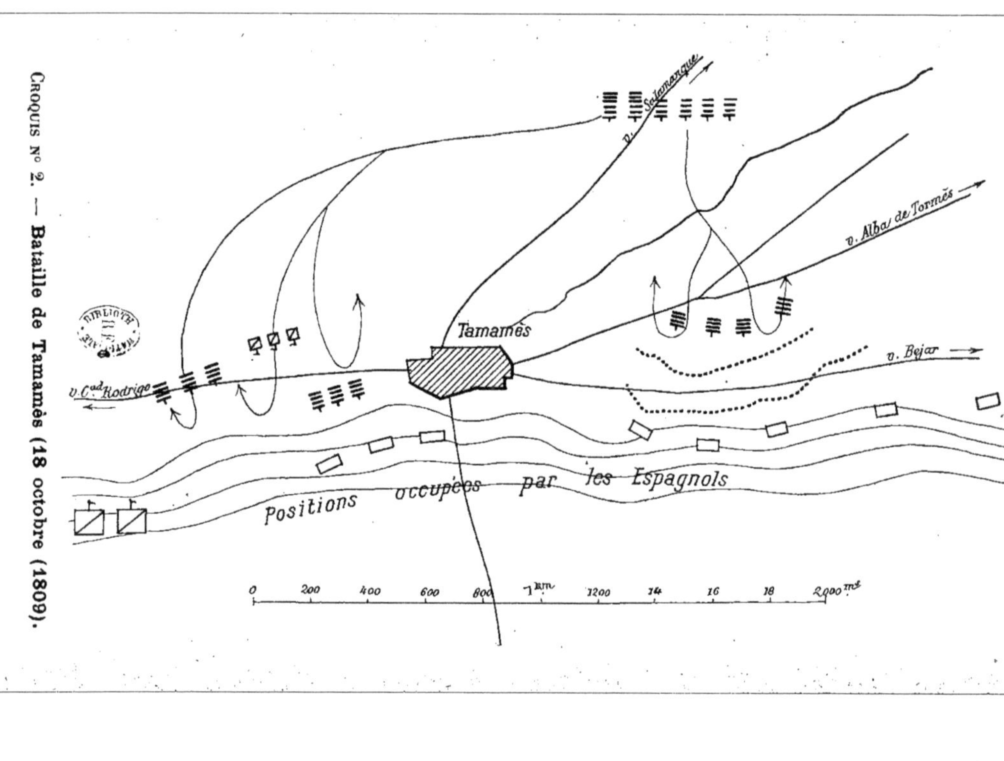

CROQUIS N° 2. — Bataille de Tamamès (18 octobre (1809).

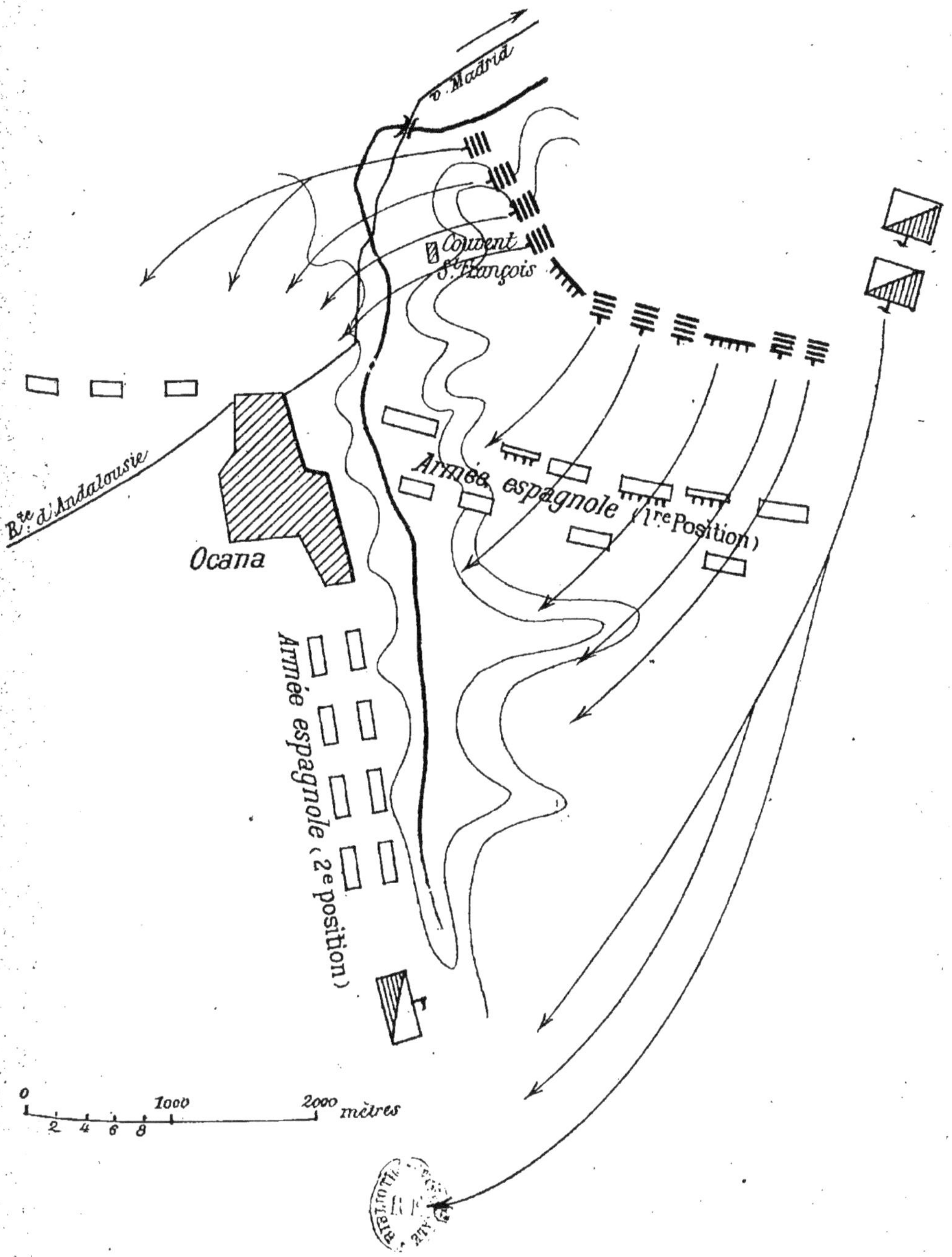

Croquis n° 2 *bis.* — **Bataille d'Ocana (19 novembre 1809).**

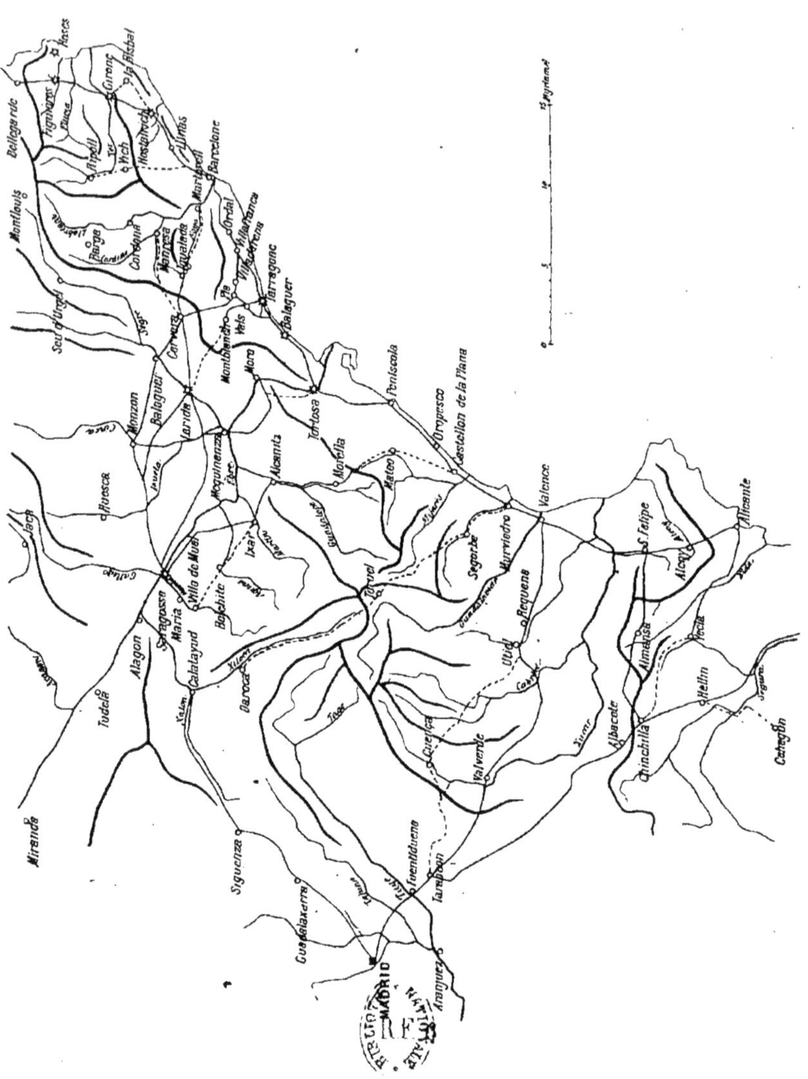

Croquis n° 3. — **Opérations en Aragon, en Catalogne et dans le Royaume de Valence.**

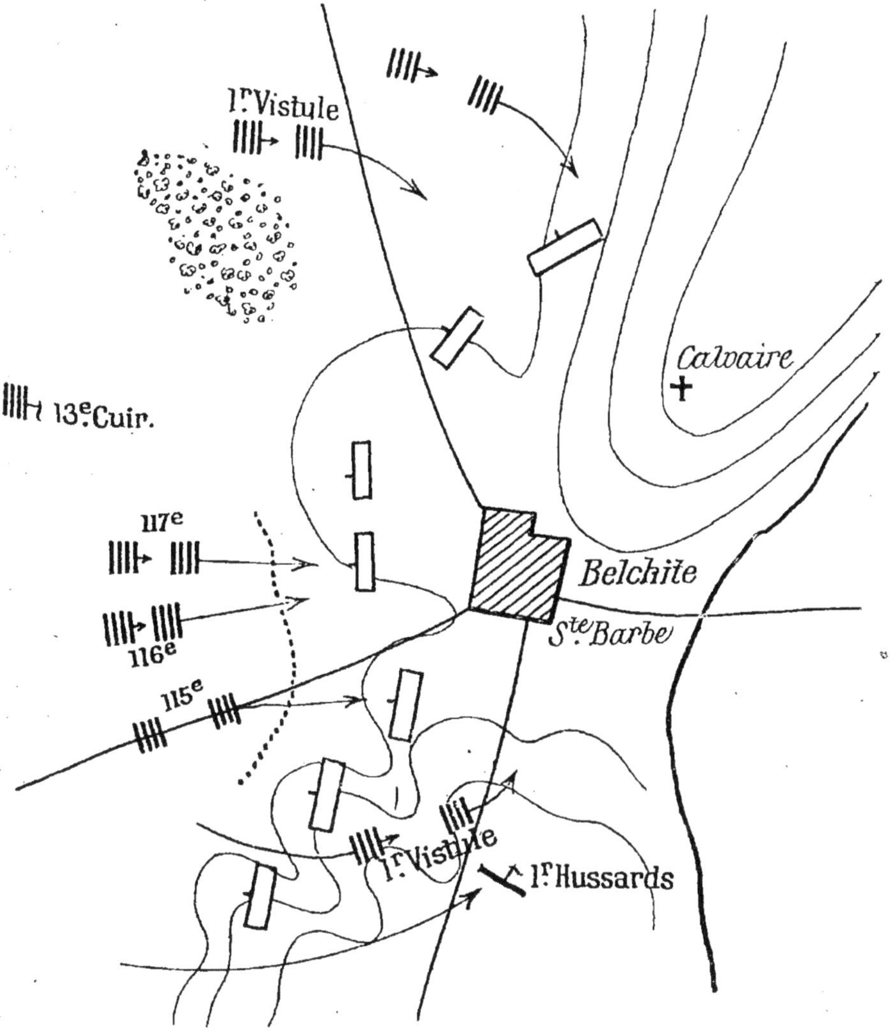

Croquis n° 4. — **Bataille de Belchite (16 mai 1809).**

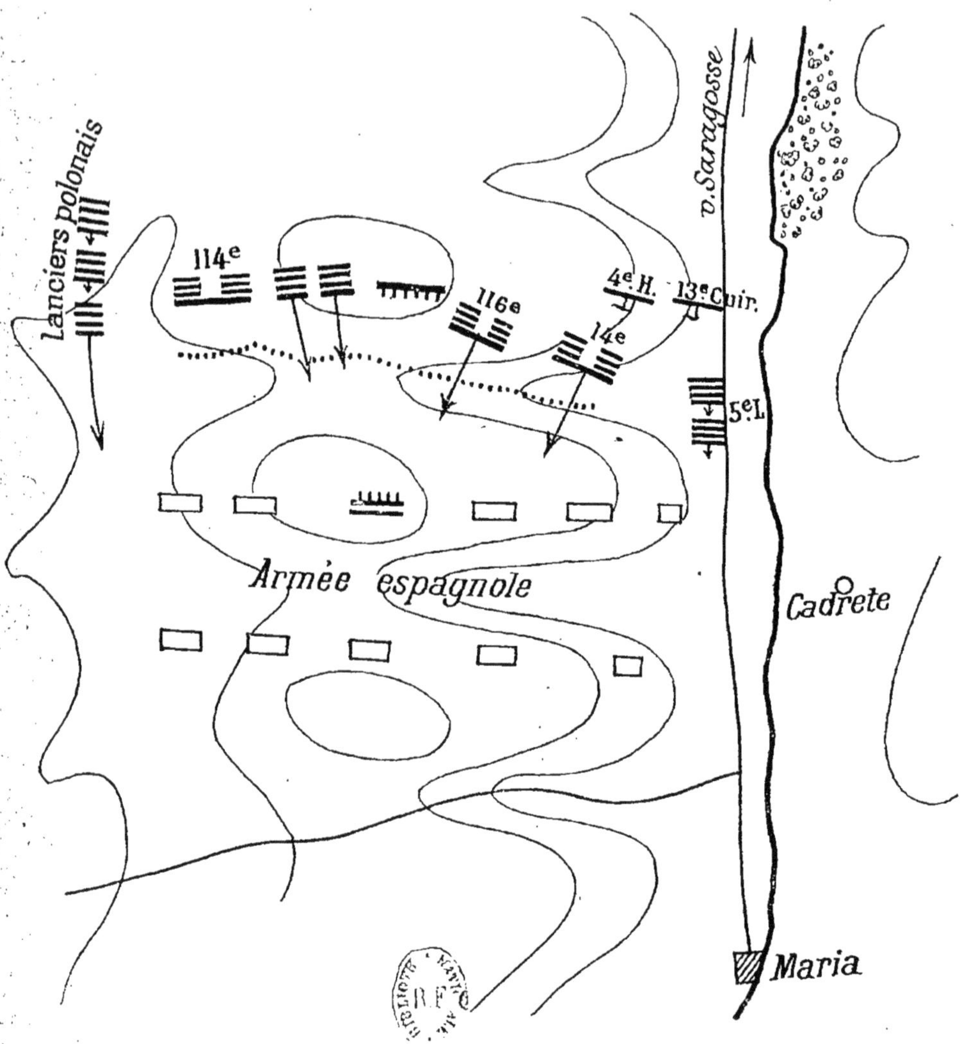

Croquis n° 5. — **Bataille de Maria (1809).**

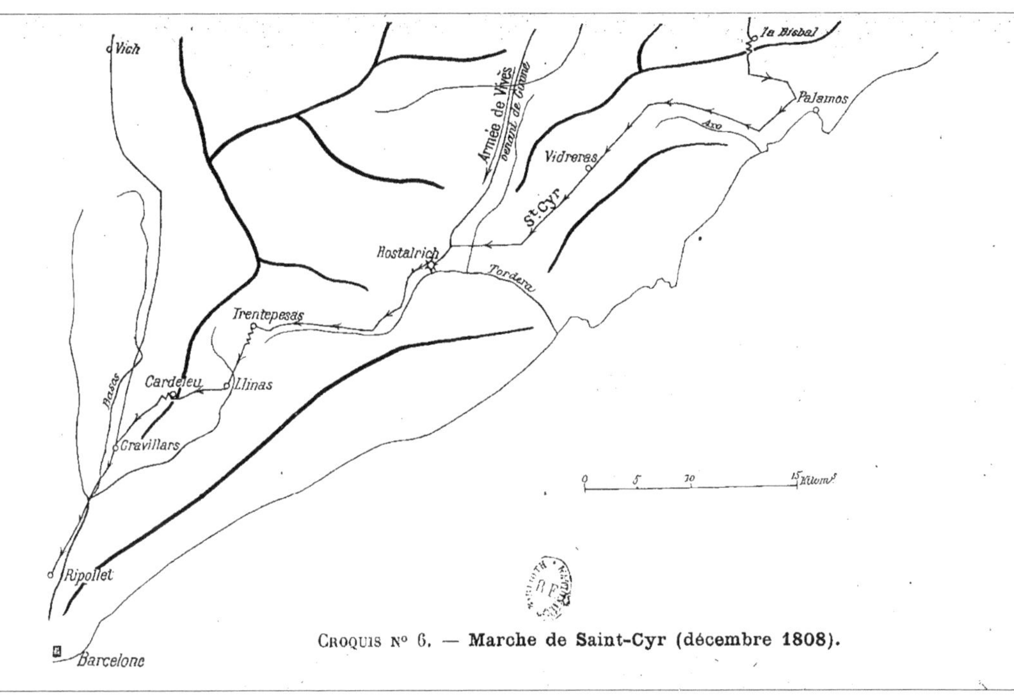

Croquis n° 6. — **Marche de Saint-Cyr (décembre 1808).**

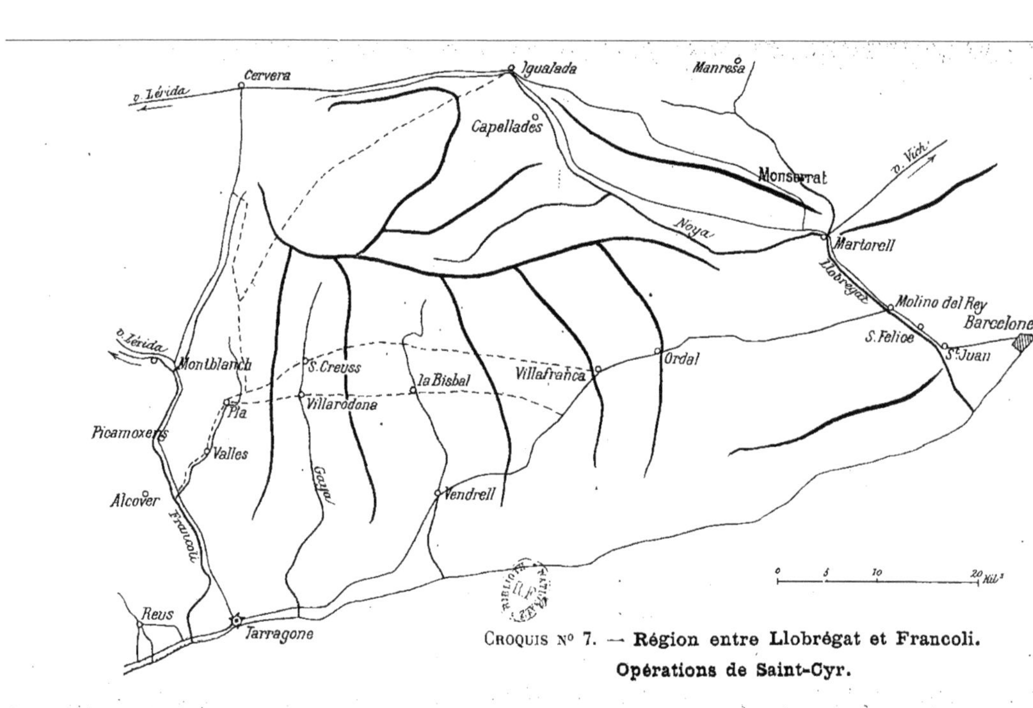

CROQUIS N° 7. — **Région entre Llobrégat et Francoli. Opérations de Saint-Cyr.**

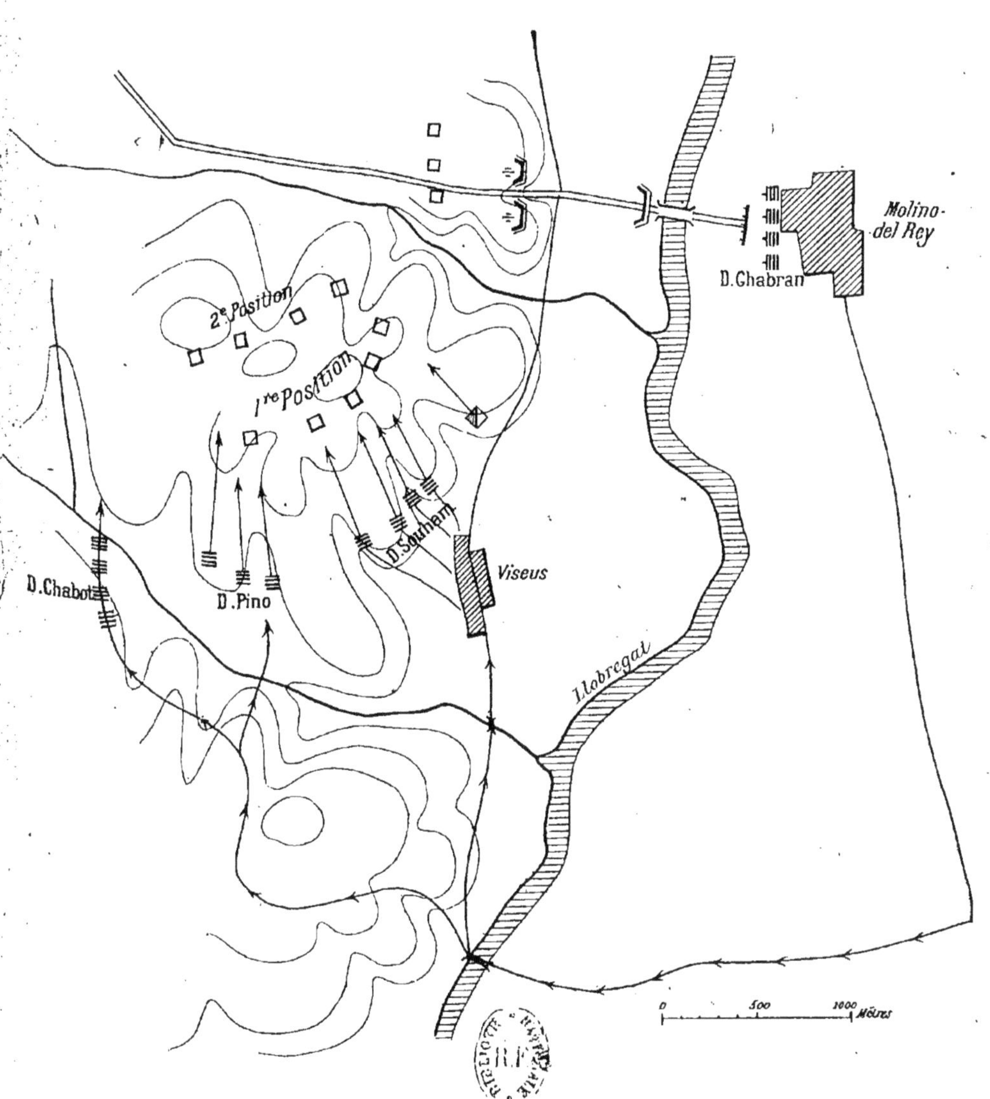

CROQUIS N° 8. — **Bataille de Molino-del-Rey.**

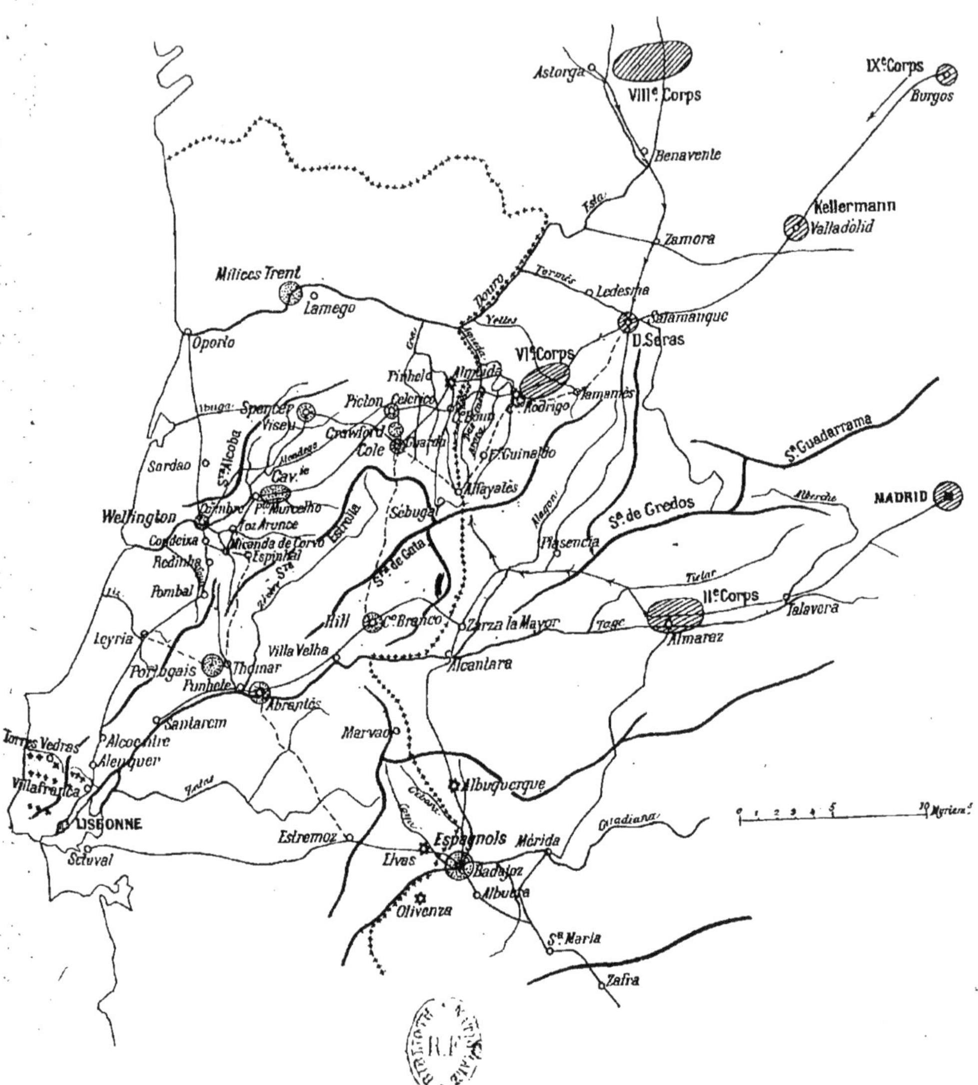

CROQUIS N° 9. — **Situation en Mai 1810.**

Opérations de l'Armée du Portugal et du Ve Corps.

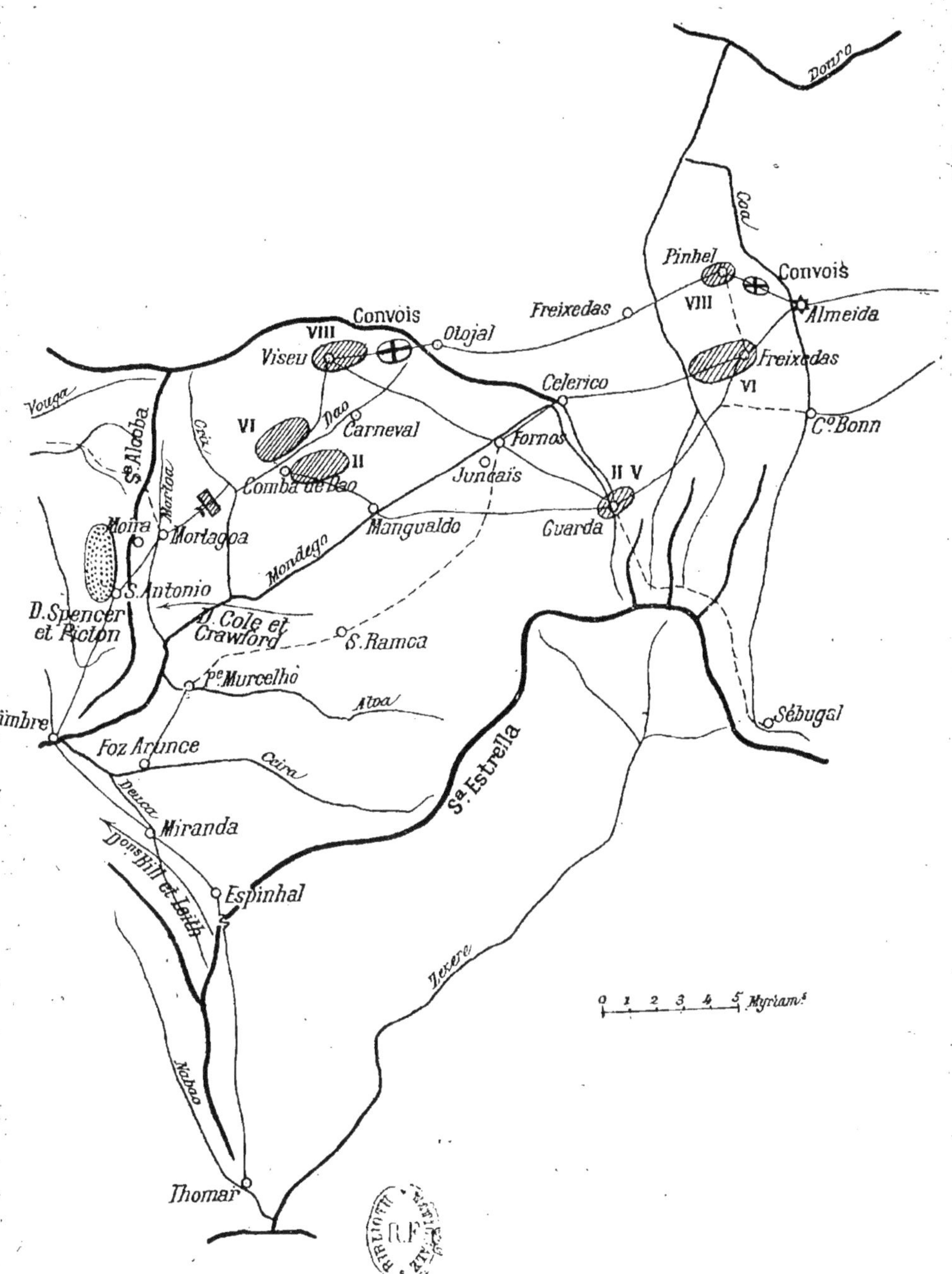

Croquis n° 10. — **Marche de Masséna sur Viseu et Coïmbre (22 septembre 1810).**

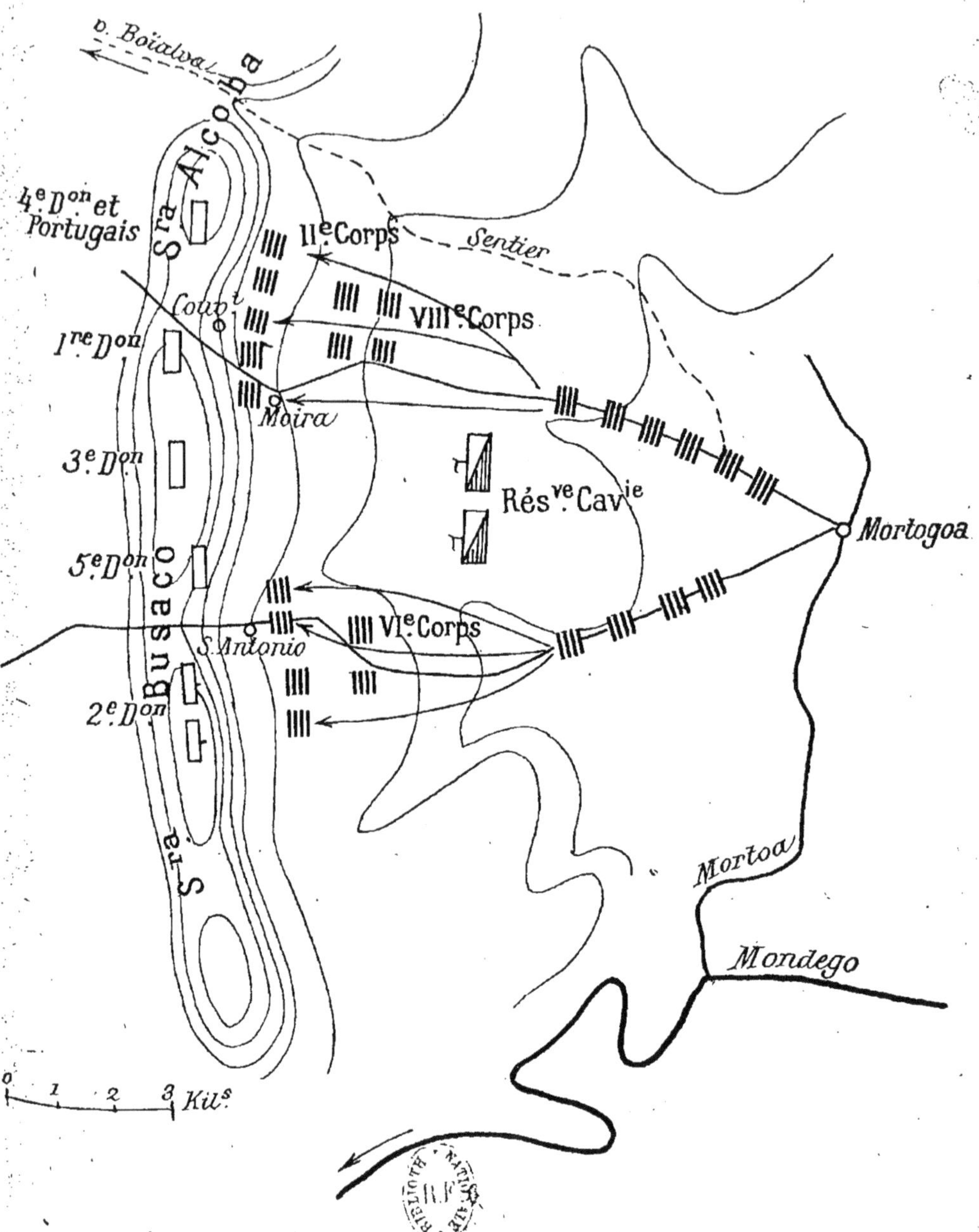

CROQUIS N° 11. — **Bataille de Busaco.**

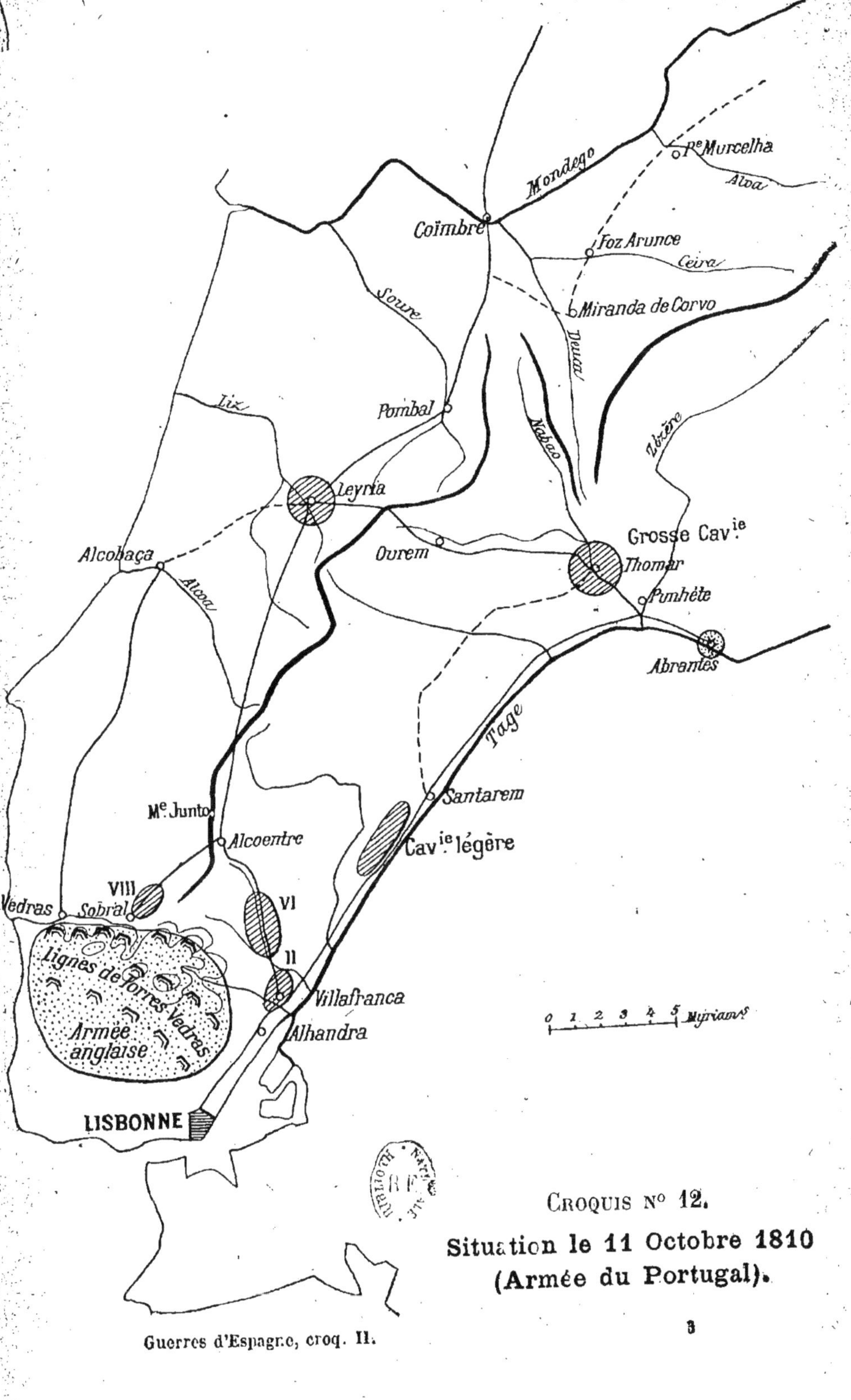

CROQUIS No 12.

Situation le 11 Octobre 1810
(Armée du Portugal).

Guerres d'Espagne, croq. II.

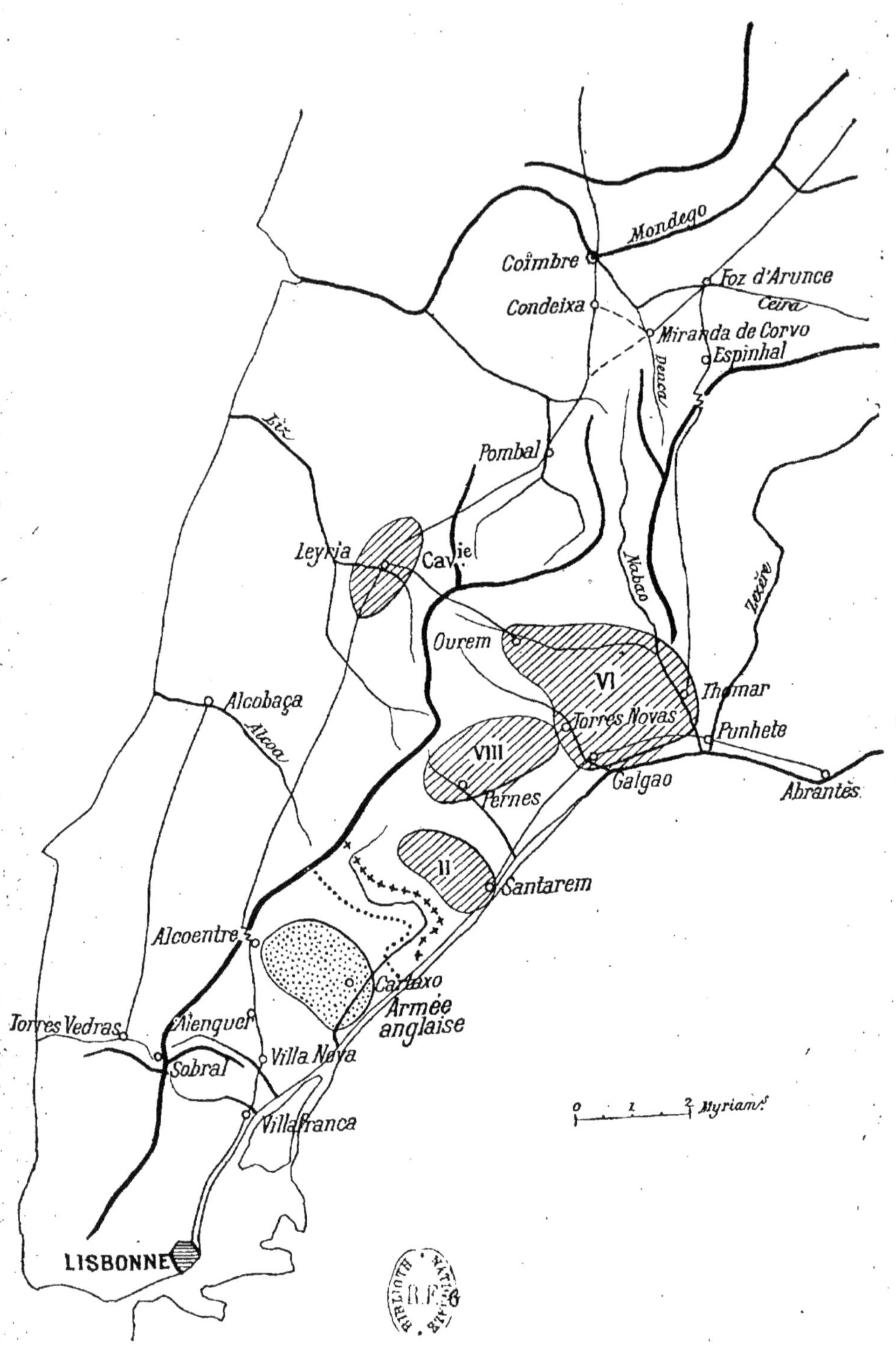

Croquis N° 13. — **Situation le 18 Novembre 1810.**

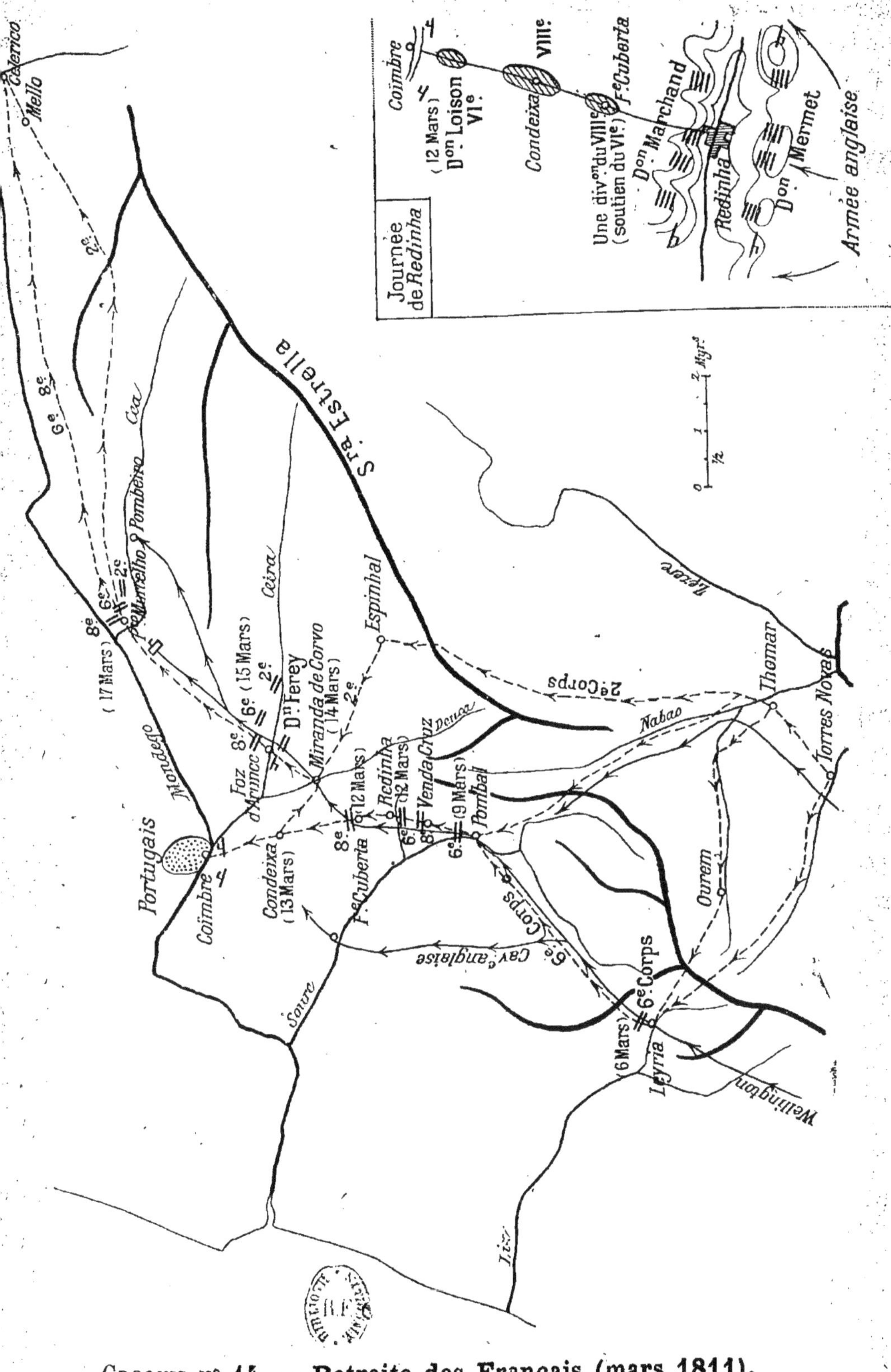

Croquis N° 14. — **Retraite des Français (mars 1811).**

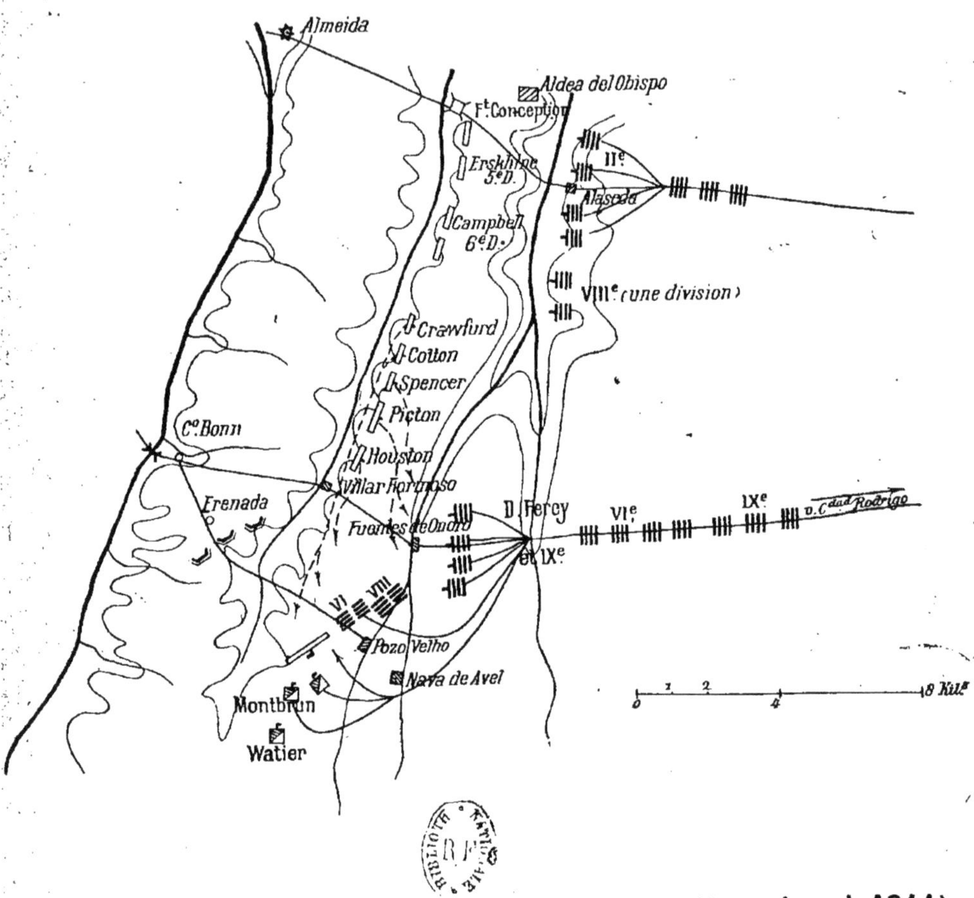

Croquis N° 15. — **Bataille de Fuentès de Onoro (3 et 4 mai 1811).**

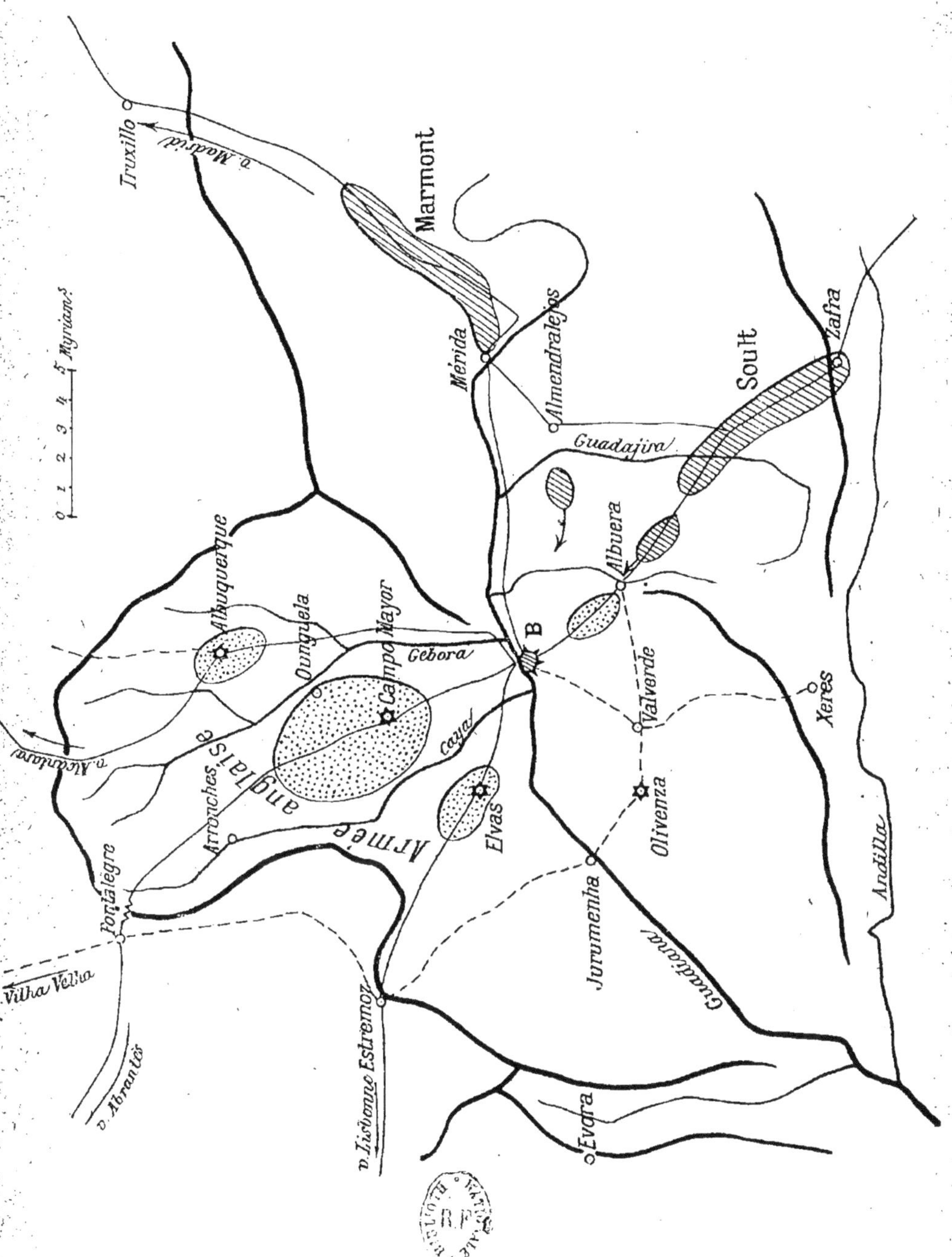

CROQUIS N° 16. — **Réunion de Soult et Marmont.**

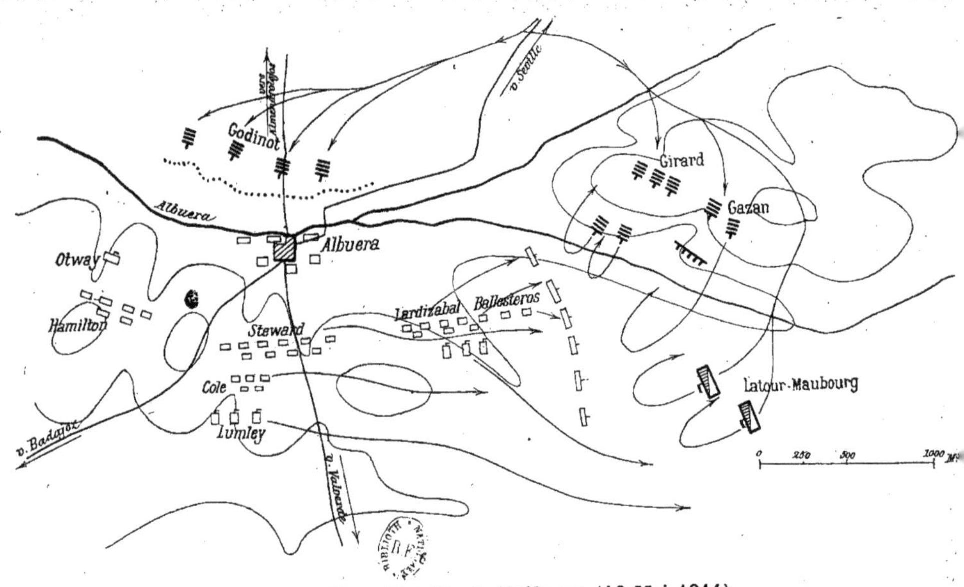

Croquis N° 17. — **Bataille de l'Albuera (16 Mai 1811).**

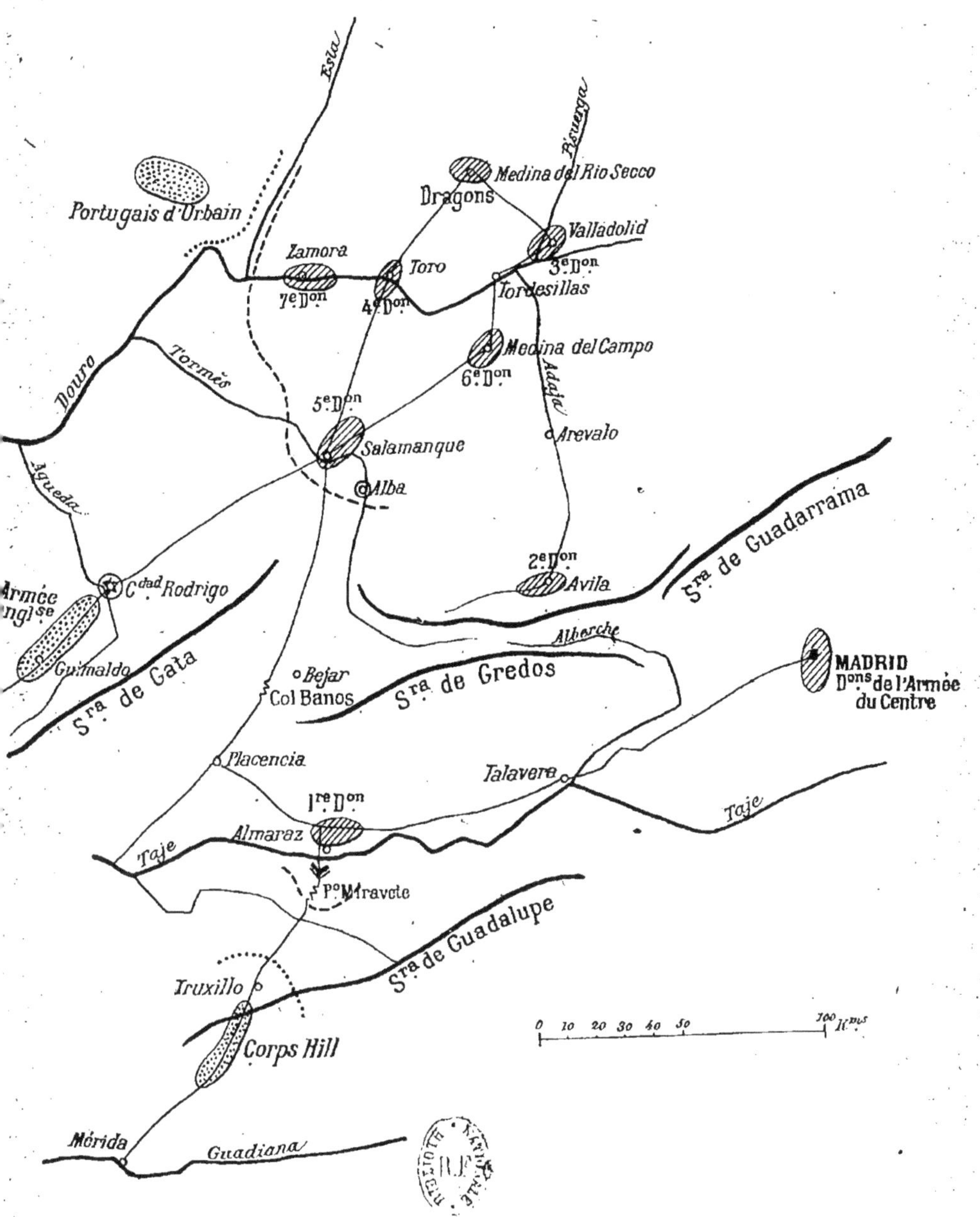

Croquis no 18. — **Situation de l'Armée du Portugal (avril 1812).**

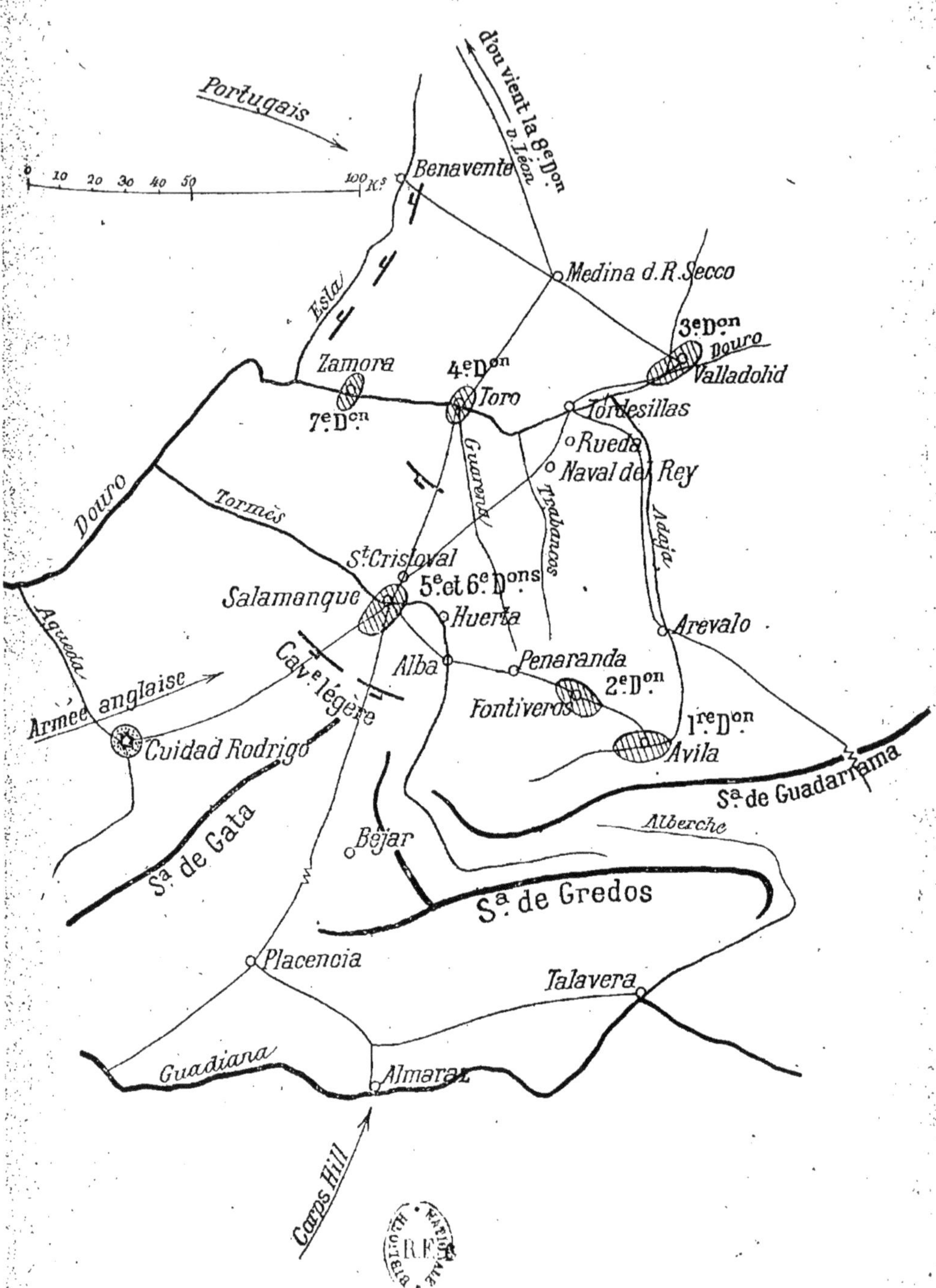

Croquis n° 19. — **Situation de l'Armée du Portugal (8 juin 1812).**

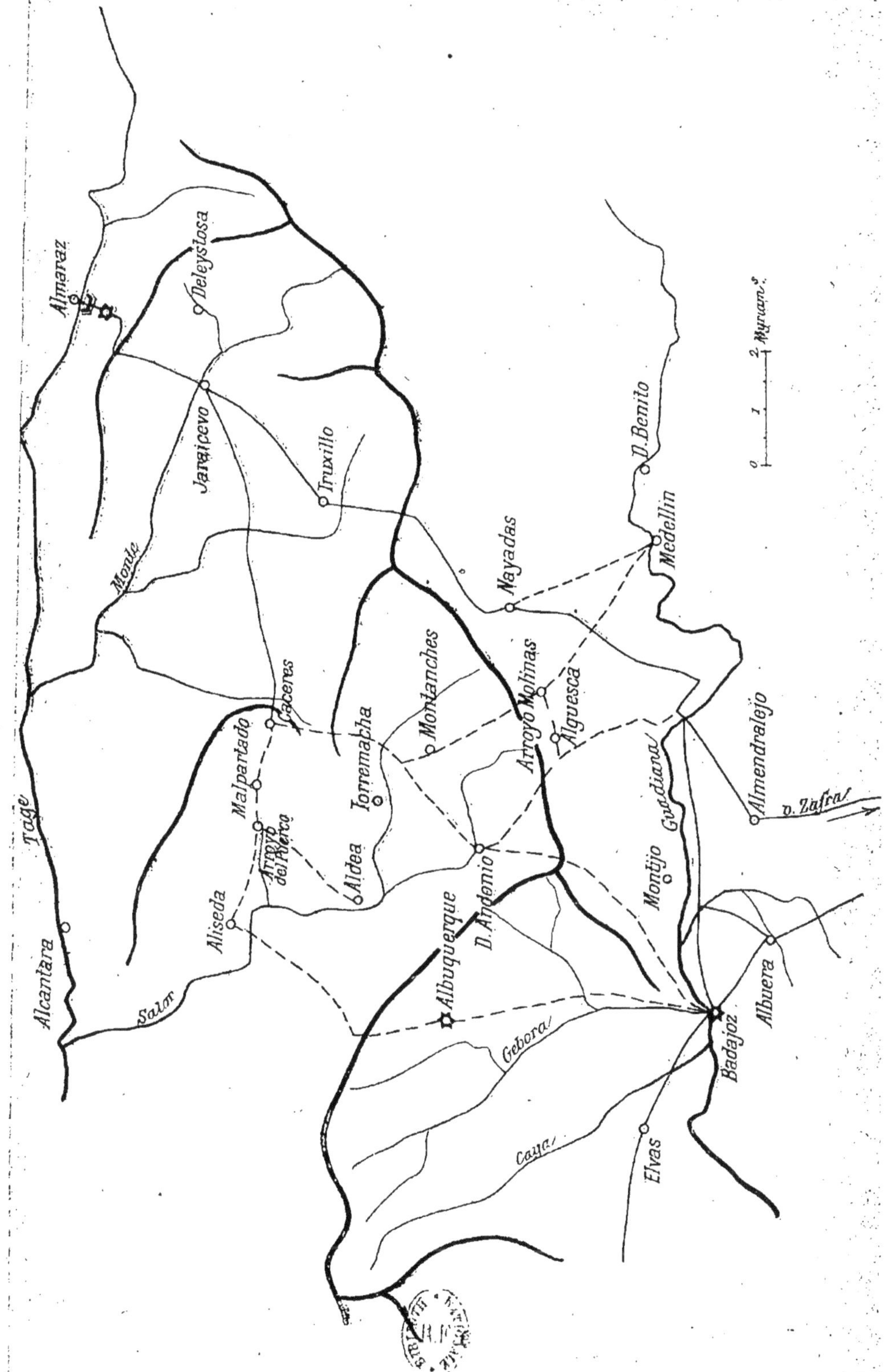

Croquis n° 20. — **Opérations en Estrémadure (1812).**

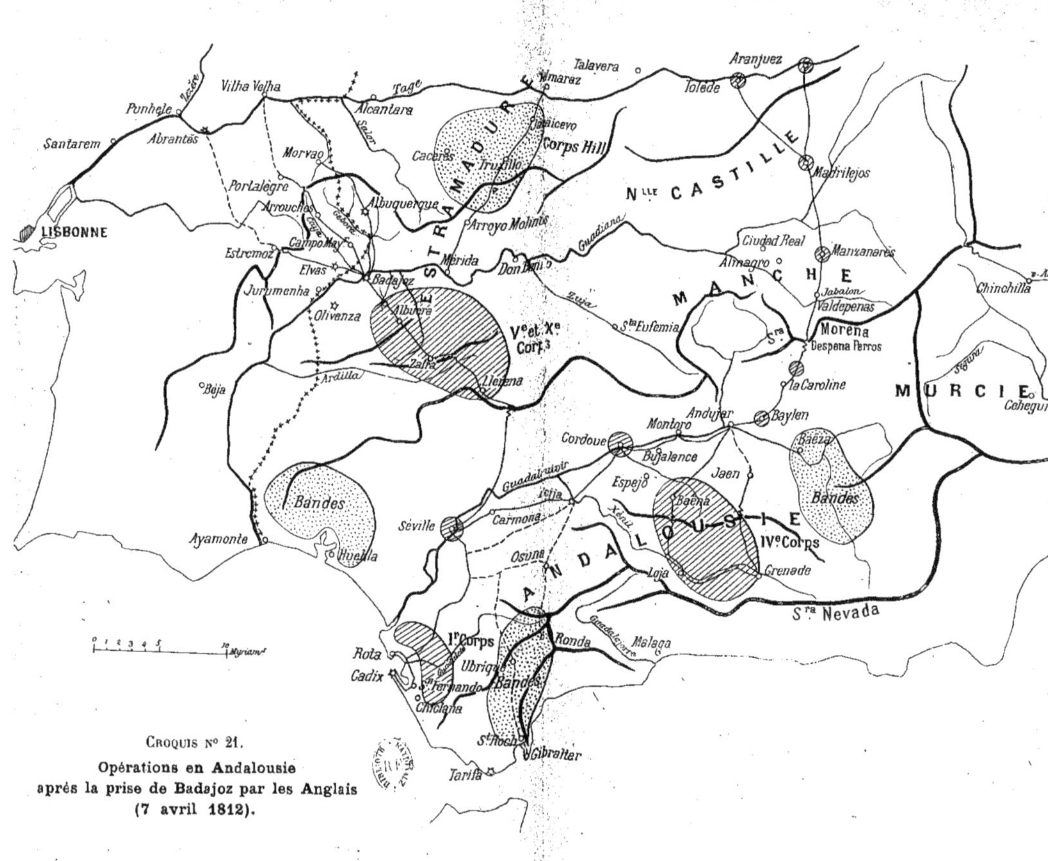

Croquis n° 21.

Opérations en Andalousie
après la prise de Badajoz par les Anglais
(7 avril 1812).

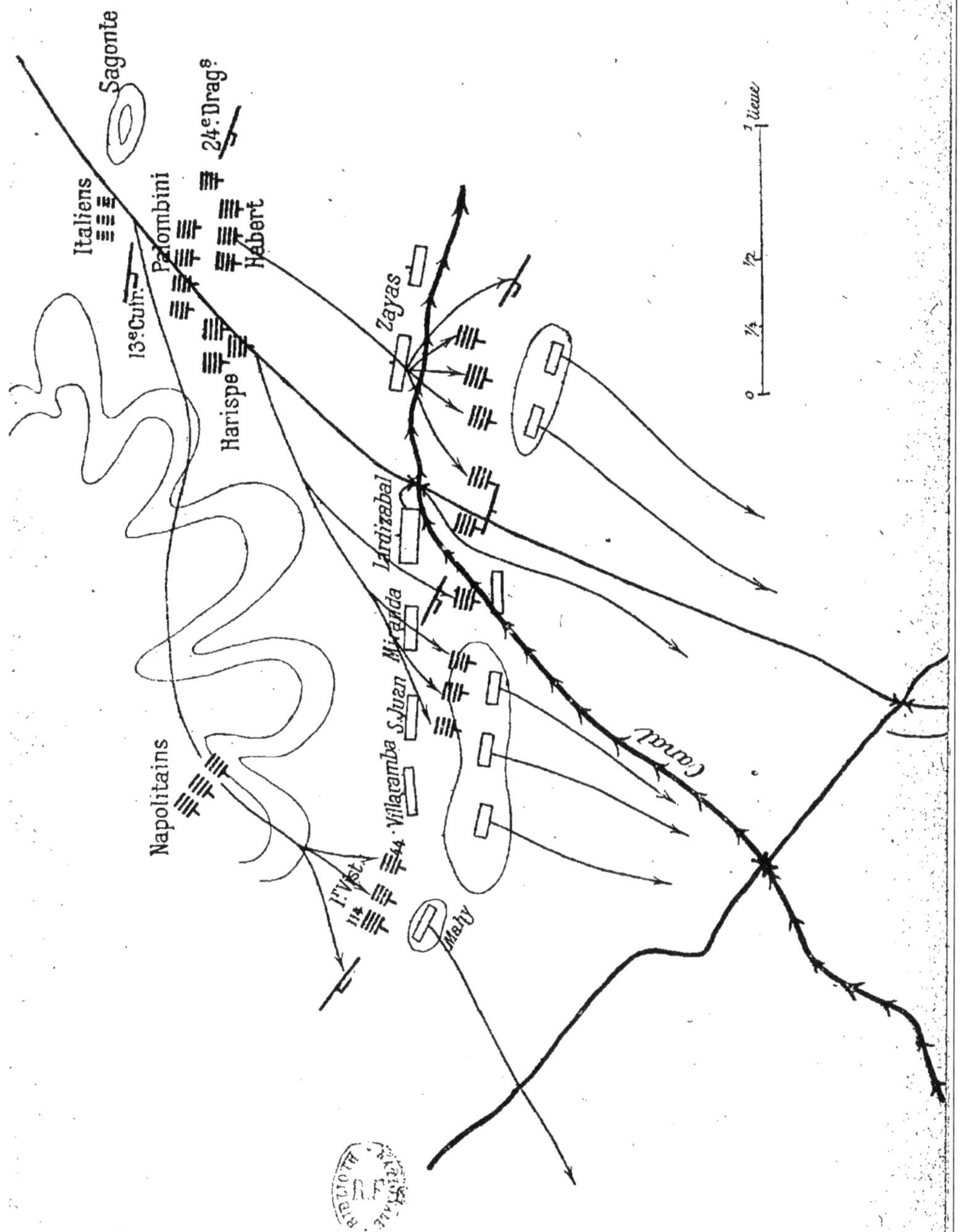

CROQUIS N° 22. — **Bataille de Sagonte.**

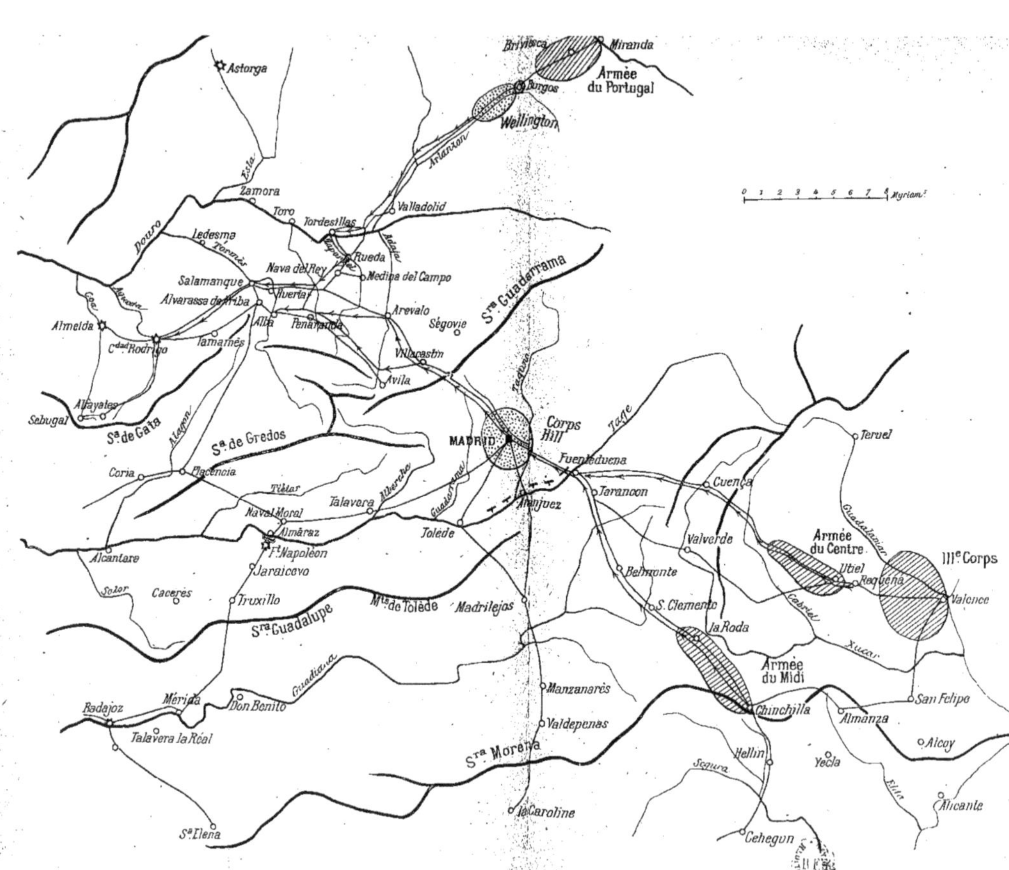

CROQUIS N° 23. — **Réunion des Armées du Midi, du Portugal et du Centre.**

LÉGENDE

Position des Français le 22 au matin.
Mouvement vers la gauche pour intercepter la route de Ciudad-Rodrigo.
Retraite des Français sur Alba-de-Tormès.

Les alliés dans la nuit du 21.

D. Brigade de cavalerie portugaise et 2 escadr
anglais.
E. Mouvement de la 3e division (Packenham) con
Thomières. Le matin, cette division était ave
F. G. K. J. L. M. Lignes de bataille des Anglais
moment de l'attaque.

b. 3e division. Division de cavalerie portugaise
2 escadrons anglais (nuit du 21).

Brigade de cavalerie de Bath.
Brigade de cavalerie de Victor Alten.
Division légère.
1re division.
Brigade de la 4e division.
6. Brigade portugaise de Pack.
7. Le reste de la 4e division.
8. 5e division.
9. 6e division.
10. 7e division.
11. Brigade portugaise.
12. Infanterie espagnole Don Carlos.
13. Brigade de cavalerie Marchand.
14. Brigade de cavalerie Alson.

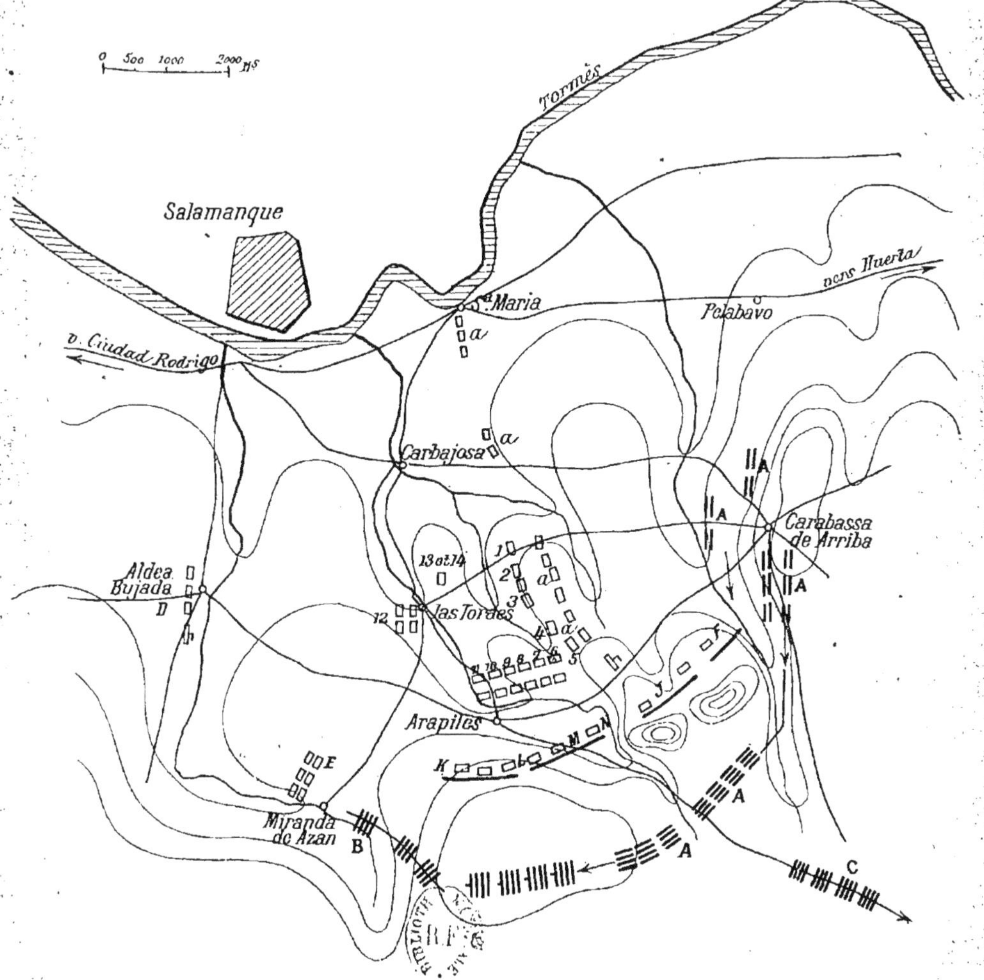

Croquis N° 24. — **Bataille de Salamanque.**

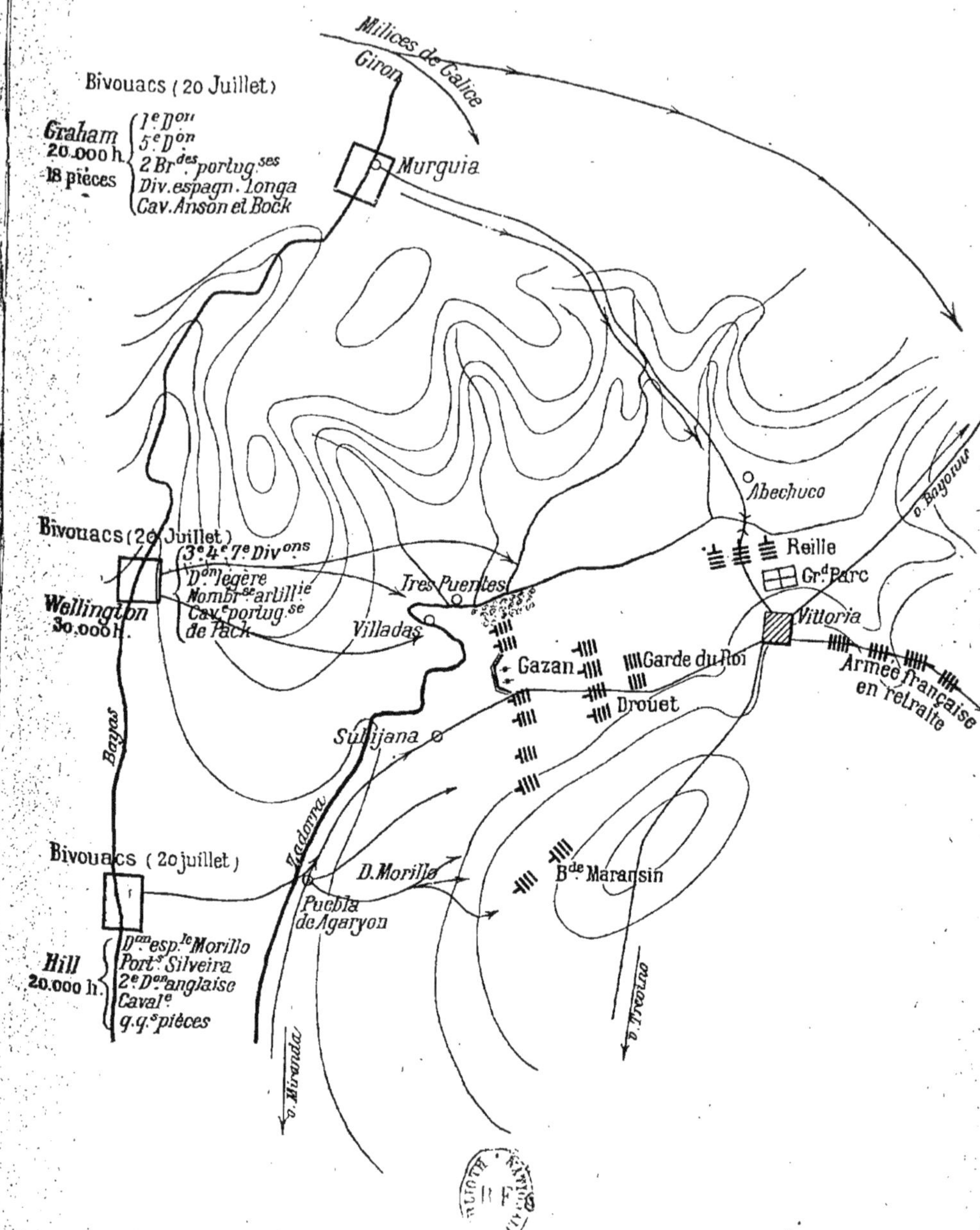

Croquis N° 25. — Bataille de Vittoria (21 juin 1813).

Paris et Limoges. — Impr. et libr. militaires H. Charles-Lavauzelle.

Librairie militaire Henri CHARLES-LAVAUZELLE

Paris et Limoges.

GUERRE DE 1870. — **La première armée de l'Est.** — Reconstitution exacte et détaillée de petits combats avec cartes et croquis, par le commandant breveté Xavier EUVRARD. — Volume grand in-8° de 268 pages....... 6 »

L'armée de Metz, 1870, par le colonel THOMAS. — Vol. in-8° de 252 pages, orné d'un portrait et de deux cartes.................. .. .. 3 »

Le maréchal Bazaine pouvait-il, en 1870, sauver la France? par Ch. KUNTZ, major (H. S.), traduit par le colonel d'infanterie E. GIRARD. — Vol. in-8° de 248 p., avec une carte hors texte des envir. de Metz. 4 »

CAMPAGNE DE 1870-71. — **Le 13e corps dans les Ardennes et dans l'Aisne,** ses opérations et celles des corps allemands opposés. Etude faite par le capitaine breveté VAIMBOIS, de l'état-major de la 10e division d'infanterie. — Volume in-8° de 224 pages..................... 3 50

La défense de Belfort, écrite sous le contrôle de M. le colonel Denfert-Rochereau, par MM. Edouard THIERS, capitaine du génie, et S. DE LA LAURENCIE, capitaine d'artillerie, anciens élèves de l'Ecole polytechnique, de la garnison de Belfort (5e édition). — Volume in-8° de 420 pages, avec trois cartes et plans en couleurs hors texte..................... 7 50

Histoire militaire de la France depuis les origines jusqu'en 1643, par Emile SIMOND, capitaine au 28e d'infanterie. — 2 vol. in-32 de 112 et 102 pages, brochés, l'un. » 50; reliés pleine toile gaufrée, l'un..... » 75

Histoire militaire de la France, de 1643 à 1871, par Emile SIMOND, capitaine au 28e de ligne. — 2 volumes in-32 de 96 et 104 pages, brochés, l'un. » 50; reliés pleine toile gaufrée.......... .... » 75

Crimée-Italie. — Notes et correspondances de campagne du général de Wimpffen, publiées par H. GALLI. *Ouvrage honoré d'une souscription du ministère de la guerre.* — Volume grand in-8° de 180 pages....... 5 »

Tableaux d'histoire à l'usage des sous-officiers candidats aux Ecoles militaires de Saint-Maixent, Saumur, Versailles et Vincennes, par Noël LACOLLE, lieutenant d'infanterie. — Volume in-18 de 144 pages. 2 50

Memento chronologique de l'histoire militaire de la France, par le capitaine Ch. ROMAGNY, professeur de tactique et d'histoire à l'Ecole militaire d'infanterie. — Volume in-18 de 316 pages........... .... 4 »

Précis historique des campagnes modernes. Ouvrage accompagné de 37 cartes du théâtre des opérations, à l'usage de MM. les candidats aux diverses écoles militaires (2e édition). — Vol. in-18 de 232 p., broché. 3 50

Sans armée (1870-1871), Souvenirs d'un capitaine, par le commandant KANAPPE. — Volume in-18 de 336 pages, broché....... .... 3 50

La charge de cavalerie de Somo-Sierra (Espagne), le 30 novembre 1808, par le lieutenant général POUZEREWSKY, traduit du russe par le capitaine Dimitry OZNOBICHINE, de l'état-major général de l'armée russe. — Brochure in-8° de 56 pages avec 2 croquis dans le texte............ 1 50

Carnet d'un officier. — En colonne au Laos (1887-1888). — Volume in-8° de 72 pages... 2 »

GÉNÉRAL F***. — **Souvenirs d'un officier de l'armée belge à propos des militaires français internés à Anvers** pendant la guerre de 1870 71. — Brochure in-8° de 22 pages.................. .... » 75

ETUDES DE TACTIQUE APPLIQUÉE. — **L'Attaque de Saint-Privat** (18 août 1870), par Pierre LEHAUTCOURT. — Volume in-8° de 112 pages, avec un croquis dans le texte.. 2 50

Général LAMIRAUX. — **Le siège de Saint-Sébastien en 1813,** avec un croquis dans le texte. — Brochure in-8° de 54 pages.................. 1 25

Danger du principe fondamental de Jomini, par le capitaine L. FARAUD. — Brochure in-8° de 22 pages...................................... » 60

www.ingramcontent.com/pod-product-compliance
Ingram Content Group UK Ltd.
Pitfield, Milton Keynes, MK11 3LW, UK
UKHW022055260726
13993UKWH00001B/122

9 782019 932565